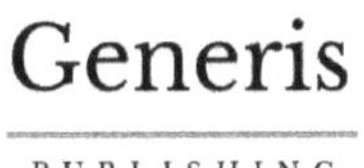

AF440994

DESCUBRIR LA ACCIÓN DE DIOS

Guillermo Randle

CIP a Camerei Naționale a Cărții

Guillermo Randle
randle@jesuitas.org.ar

Descubrir la acción de Dios / Guillermo Randle. – Chişinău : Generis Publishing, 2020 (Print on demand). – 62 p.

Referinţe bibliogr. în subsol.

ISBN 978-9975-153-06-5.

27

R 24

Cover image: www.unsplash.com/photos/bYdEeB3rzrk

Generis Publishing

Online orders: www.generis-publishing.com
Orders by email: info@generis-publishing.com

PRÓLOGO

No he dicho al linaje de Jacob; "Búsquenme en el vacío".

Isaías 45,19

Puesto a la mesa con ellos, tomó el pan, bendijo, lo partió y se lo dio. Entonces se abrieron sus ojos y lo reconocieron, pero él desapareció de su lado.

Lucas 24, 30-31

Es este ensayo una invitación a reflexionar desde la experiencia de la vida en el Espíritu para descubrir la acción de Dios y dar razón de ella. Para iniciar la misma, nos orienta san Agustín al decirnos que: *"cuando pretendemos distinguir con mayor exactitud y explicar claramente lo interior y espiritual, buscamos las pruebas en la semejanza con las cosas exteriores y materiales"*[1]. Por esto comenzamos poniendo un ejemplo de nuestra vida cotidiana, en la que descubrimos quién llegó a nuestra casa por las señales que nos da en la forma de abrir y cerrar la puerta y su taconeo al caminar, sin necesidad de ver la persona ni oír su voz. De la misma manera, es posible descubrir, descifrar o detectar la acción divina en ciertas señales que, sobre todo por su sentido, son sólo referibles a Dios. Estas señales, como dice el filósofo y teólogo Nicolás Berdiaev, *"no prueban nada, pero muestran la existencia de un mundo superior, divino, que permite descubrir a Dios"*. En efecto, no son pruebas demostrativas de Dios en sí mismo, pero sí manifestaciones de su acción y reveladoras de su presencia.

La importancia de descubrir su acción radica en el hecho de que ella es el centro del mensaje de Jesús. En segundo lugar, porque permite dejarlo actuar, dejarlo obrar, dejarlo ser Dios. En tercer lugar, porque de acuerdo al Apóstol Pablo en 1 Cor 14,20, ser cristianos maduros es serlo en el discernimiento, pilar de la espiritualidad cristiana, por medio del que podemos identificarlo y dar razón de él.

Antes de introducirnos en el tema, queremos advertir que si se nota cierta insistencia en algunos conceptos, es porque creemos que a menudo perdemos el recuerdo de lo anteriormente dicho y conviene por eso volver a traerlo a la memoria.

---

[1] *De Trinitate* XI, 1, 1.

INTRODUCCIÓN

El Verbo de Dios se hizo Hijo del hombre, para que el   hombre se habituara a descubrir a Dios.

San Ireneo

Dios revelado en Cristo ¿puede ser abordado mediante un criterio práctico para encontrar señales referibles a su acción? Esto es factible mediante el ejercicio de la sabiduría en el Espíritu llamado discernimiento, una de las raíces de la espiritualidad cristiana, pautada por san Ignacio de Loyola[2] por medio de las que podemos descubrir ciertas señales referibles a Dios, diametralmente opuestas a las del *"enemigo de la naturaleza humana"*.

Nuestro modo de proceder en este descubrir la acción divina se ve, por tanto, favorecido por el discernimiento de espíritus, que nos aboca, en sintonía con Kierkegaard, más a la profundización en la existencia humana, que a las perspectivas histórico-mundiales.

Otro motivo que providencialmente nos favorece, es el hecho de que la perfección en los medios y la confusión en los objetivos, características de nuestra época, nos motivan a acudir a su antídoto, el discernimiento, cuya finalidad es precisamente ser libres y no esclavos de la confusión. El mismo exige cierta purificación del espíritu que lo hace capaz de diferenciar lo que pasa por el alma y también fuera de ella.

Por último, nos favorece el hecho de que descubrir la acción divina en la experiencia de la vida en el Espíritu, es no sólo ahondar en el mundo interior hacia la alteridad de Dios, sino también, adquirir la responsabilidad con la que él nos enfrenta, en orden a asumir el mundo en cuanto secular, y responder a las preguntas más comprometidas de la vida humana personal, social y eclesial.

Este descubrimiento de la acción divina es una tarea continua e imprevista, no una receta usual. Es a la que se vio abocado el hijo pródigo en la parábola del padre misericordioso (Lc 15,17-18), al entrar en sí mismo y discernir lo que pasaba por su alma. Para esto deliberó sobre las dos opciones que se le presentaron, donde una era

---

[2] Ignacio de Loyola, *Ejercicios Espirituales*, n. 313-336.

mejor en concreto para él y no en abstracto, y finalmente tomó una decisión, a fin de realizar lo discernido y pasar así del decir al hacer. Esto nos ayuda a entender que estamos llamados en la vida a elegir permanentemente frente a opciones más o menos importantes que llevan a caminos inéditos, libres, riesgosos, cuyo parámetro es Dios, la Verdad Primera.

Asimismo, este descubrimiento es una experiencia de fe, por cuanto implica salir de un discurso repetitivo, gracias a las trayectorias múltiples que traza la vida en cada ser humano. En otras palabras, es ayudar a ver la Luz, más que hablar sobre ella y caer en el parafraseo de la misma. Esta posibilidad de descubrir su acción es algo vital, inserto y actuante en el hombre, hasta el punto que aun en la persona que no sea suficientemente perspicaz para captarla es, sin embargo, de algún modo posible en su conciencia, llamada por san John Henry Newman, "el vicario de Cristo", donde sólo él y cada uno puede entrar.

Al hablar de experiencia, no lo hacemos como de un indecible, o con expresiones desbordadas por el exceso de una presencia nunca poseída, al modo místico, sino como un decible por medio de un lenguaje interpretativo de señales referibles a Dios en la vida ordinaria y pautadas por Ignacio de Loyola. Este modo de proceder no trata, por tanto, sobre Dios como un "objeto", ni sobre las personas como "casos", sino como realidades vivas en las que actúa el Espíritu que acaece y nos alcanza cada vez de nuevo, de manera personal, en la vida cotidiana. Es por esto que partimos de otra experiencia de Dios que la mística, y de otro modo de proceder que el especulativo y abstracto, en ayuda, no sólo de un seguimiento más cercano y maduro de Cristo en la vida ordinaria, sino también de otra manera de proceder en teología.

PRIMERA PARTE: UN MODO DE PROCEDER

Lo propio de nuestro modo teológico de proceder es una intuición central operada por la refundición de un elemento disperso como son las pautas para discernir de Ignacio de Loyola. [3]

1. LAS PAUTAS IGNACIANAS UN LENGUAJE VIGENTE

Cuando la fe cristiana toma conciencia de que no es universal o verdadera para todos y parece enmudecer, existe un modo teológico de proceder construido desde la experiencia de la vida en el Espíritu que ayuda a descubrir la acción divina. Este modo responde a su vez, a lo que el mundo de hoy requiere y los creyentes buscan, es decir, apoyarse sobre experiencias en su vida de fe y desarrollarla con ayuda de medios idóneos para dicho descubrimiento, como son las pautas ignacianas.

Descubrir la acción de Dios en diversos lugares teológicos o experiencias de vida en el Espíritu, implica estar abiertos a la sorpresa. Porque es aceptar dejarnos interpelar por él y porque es cambiar tal vez al escuchar la experiencia de otros, o salir de la pereza para ser creativos, libres y dóciles a la acción del Espíritu en el servicio a los demás. En por esto que nuestro discurso es descubrir la acción de Alguien, el Totalmente Otro, que nos llama a responder a las urgencias sociales y eclesiales más imperiosas de nuestra nueva época.

Hablar por tanto, desde la experiencia de la vida en el Espíritu indica un cambio de ruta, de lo especulativo a lo existencial, de un lenguaje esotérico a la vigencia de un lenguaje humano, con valor ontológico, como es el de las pautas ignacianas, que por lo mismo permiten y facilitan además un diálogo ecuménico.

---

[3] Cf. G. Randle, *Teología desde la experiencia de la vida en el Espíritu. Otro modo de proceder. La clave y el instrumento.* Credo Ediciones. 2013. *Dar razón de Dios. Un modo teológico ignaciano de proceder.* San Benito. 2009.

2. UN MEDIO REVITALIZADOR DE LA VIDA DE FE

Son las pautas ignacianas además de lo dicho, revitalizadoras de la vida de fe como decisión por Cristo, no sólo por dejar al descubierto incoherencias o contradicciones entre argumentos de razón y el espíritu que los inspira, sino también, por discernir e interpretar lo que pasa por el alma y descubrir la acción de Dios que nos invita a secundarla.

Más aun, las pautas ayudan a la revitalización de la vida de fe porque interpretan los conflictos de la misma como manifestaciones de la vida en el Espíritu, aunque desprovistas de un vocabulario "piadoso" que antes la expresaban. Por otro lado, porque ayudan a descubrir en dichos conflictos la acción del Dios vivo, presente en el "buen espíritu" referible a él, reflejado en los rostros de los hombres y en la red de relaciones que construyen su historia. No es, por tanto, el buen espíritu referido a Dios una revelación de él, sino una acción referente a él, no totalmente exenta de imperfecciones, pero que, a pesar de las mismas, de alguna manera y más allá de ellas, dicha acción se muestra. Por ejemplo, cuando dos potencias de este mundo se unen y acuerdan algo que repercute en la paz mundial. Esto no quiere decir que sus representantes sean santos de altar, ni que al mismo tiempo no haya tal vez mezclado algún interés propio, ya que sólo Dios es químicamente puro, pero sin embargo, lo cierto es que si a través de dicho acuerdo se logra la paz y el bien común, la culminación o sentido de tal acuerdo es de buen espíritu o inherente a la acción de Dios en la historia, que escribe a veces derecho con líneas torcidas.

Por otra parte, las crisis en las relaciones humanas, desmitifican las ideas que algunos cristianos se hacen de la historia de salvación y de la Iglesia, tal como nos narra por ejemplo, el libro de *Los hechos de los apóstoles* en el capítulo 15, donde se muestran ciertas controversias entre ellos. La diferencia entre las partes en conflicto quiebra la paz y nos muestra al mismo tiempo cómo paradójicamente, lo diverso es lo que hace posible la unión en la diferencia, o sea, que la unidad no es uniformidad y la paz algo estático, sino que es una tarea y conquista permanente. Además, al aceptar sin miedo la diferencia, uno es conducido a una mayor inteligencia de la realidad, gracias a la diversidad de puntos de vista y a la posibilidad de discernirla.

El lenguaje de las pautas ignacianas ¿entraña un cambio de mentalidad? Por un lado es cierto, porque tiene en cuenta el Espíritu que trasciende los argumentos de razón. Por otro lado, en cierta manera las pautas no entrañan un cambio, en el sentido de que expresan lo de siempre del hombre en su condición humana, en un lenguaje ciertamente cargado de contenido, por estar lleno del sentido humano y del sentido divino. En otras palabras, su lenguaje vivencial y no teórico, devela distintas situaciones y los espíritus que motivan los diversos pensamientos.

Lo genial de las pautas está en el hecho de que a partir del siglo XVI, abrieron más allá de los argumentos de razón, a una pluralidad expresiva de la fe desde la experiencia del nivel más profundo de realidad de la persona humana, el de la vida en el Espíritu. Es por esto que ellas hicieron y hacen todavía hoy, no sólo a la teología más espiritual y a la espiritualidad más teológica, sino que abren un campo de reflexión a la teología desde dicha experiencia de la vida en el Espíritu.

3. UN AIRE CREATIVO, SALUDABLE Y FAVORABLE

Sin creatividad, el cristianismo deja de ser un *camino* abierto hacia un futuro imprevisible.

Claude Geffré

Dice Teodoro H. Martín en la introducción general a las Obras del beato Juan Ruusbroec: *"El misticismo quedó asfixiado por la metodología rigurosamente ascética de la Devotio Moderna, reflejada en los Ejercicios de San Ignacio de Loyola"*[4].

Si bien es cierto que en general el misticismo quedó asfixiado por la *Devotio Moderna*, con Ignacio de Loyola en cambio - quien la conoció en el monasterio de Montserrat cerca de Barcelona – ocurrió lo contrario, a partir de su posterior experiencia del río Cardoner en Manresa[5]. Gracias a esta, penetró en la vida en el Espíritu un aire creativo, saludable y favorable, que permitió descubrir la acción de Dios mediante el discernimiento, y dio entrada a su vez, no sólo a otro modo de experiencia de Dios que la mística[6], sino también, a otra manera teológica de proceder, experiencial y fenomenológica. En efecto, en aquella experiencia de

---

[4] Juan Ruusbroec. *Obras.* Universidad Pontificia de Salamanca. Fundación Universitaria Española. 1984, 22. Cf. A. Huerga, "La vida cristiana en los siglos XV y XVI", en *Historia de la Espiritualidad,* Barcelona (J. Elors), 1969, t. II, 5-139.
[5] *El Peregrino. Autobiografía de san Ignacio de Loyola.* Introducción, notas y comentarios por Josep M. Blanch sj. Mensajero, Sal Terrae, 1983, 39-50.
[6] Cf. J. López-Gay, *Le phénomene mystique,* Dictionnaire de Spiritualité, Beauchesne, Paris, 1980, col. 1893.

Manresa, Ignacio adquirió otro intelecto del que antes tenía, gracias a una plena capacidad de discernimiento, por medio del que descubrió señales referibles a la acción de Dios que le posibilitaron seguirlo de cerca y ser fiel a su protagonismo en aquel tumultuoso tiempo de la vida de la Iglesia.

Esta tarea de descubrir la acción divina con ayuda del ejercicio de la sabiduría que es el discernimiento de espíritus, es cercana a la vida común y corriente de toda persona con auténtica vida en el Espíritu y no *mística*[7], en el sentido de desbordada de los esquemas de la experiencia ordinaria, más admirable que imitable y comunicable.

Con esto queremos decir que si bien la experiencia es de hecho un *elemento* de la vida mística, es de derecho también *extensiva* a la vida cristiana en su totalidad. En el orden psicológico, la diferencia reside en el hecho de que la experiencia mística tiene una conciencia directa de lo sobrenatural: una pasividad conciente y acogedora ante la acción divina. Mientras que en el orden común de la vida en el Espíritu, esta experiencia es la de la vida de fe normal y ferviente del cristiano. O sea que, en el caso de la experiencia cristiana ordinaria de la vida en el Espíritu, no existe un tipo de pasividad conciente, un modo directo o infuso de conocer como en el místico, sino una labor voluntaria, actuante y dinámica que capta y descubre la acción divina, gracia mediante y con ayuda de medios, como son las pautas ignacianas.

En este sentido ayuda ver el ejemplo del capítulo 21 de san Juan, en el que Pedro, gracias a Juan, descubre quién es el que está en la orilla del lago, al descubrir Juan la acción divina manifestada en la red repleta de pescados, luego de haber pasado toda una noche de pesca infructuosa.

Es en este sentido que en el desarrollo de la experiencia cristiana, las pautas ignacianas someten la inteligencia a la realidad, como lo hacen las parábolas del Evangelio, y descubren en ella, señales referibles a la acción de Dios. Esta experiencia fue en Ignacio vivida en Iglesia, nutrida por ella y traducida en su servicio. Abrió además, de este modo en el siglo XVI, una perspectiva que después de más de cuatro siglos, motiva y realimenta un modo teológico de proceder a partir de la experiencia de la vida según el Espíritu. En la base de este modo de proceder, está la visión existencial y no teórica del hombre, que nos ofrece el mismo Ignacio en sus pautas de discernimiento.

---

[7] Esto no quiere decir que el místico o el contemplativo pueda prescindir del discernimiento, sino que este se suele dar en él de manera intuitiva o connatural.

Esta manera de encarar las cosas de modo dinámico, como proceso y como marco destinado a favorecer la creatividad, incentiva el hacer teológico, que se enfrenta hoy todavía a veces, con enfoques estáticos y anclados en el tiempo. Este modo en cambio, expresa un talante nuevo, en el sentido de no abocarse a probar apologéticamente la existencia de Dios, sino a dar razón de su acción en señales referibles a él. En este contexto, creer en Dios no es creer que él existe, sino creer que él nos ama al reconocer sus beneficios a lo largo de la vida.

Por otro lado, este modo de proceder ayuda a leer sus señales en el tiempo, descubrir la luz en el Evangelio, y dejarnos iluminar e interpelar por ella para seguirlo más de cerca. Es de esta manera, cómo ofrecemos nuestras convicciones: Dios percibido en su acción, como Verdad Primera, como principio y fin de la humanidad y de la Creación, como fundamento de todo lo positivo que nace en el mundo y crece hacia su perfección, respuesta sobre el origen de todo, a cuya luz se puede ver la meta, el sentido de la vida. Creemos por esto, que desde la sabiduría en el Espíritu debemos hoy reabrir, con pasión y audacia, el pensamiento del destino divino del género humano.

4. UN POCO DE HISTORIA

Luego de haber entrado en nuestro capítulo anterior un poco en el ámbito histórico, prosigamos en él para ver brevemente cómo evolucionó el quehacer teológico inaugurado en occidente al final del período patrístico por Boecio (siglo VI) quien, si bien estrenó una nueva forma de hacer teología, acentuó la naturaleza científica al recoger todos los recursos de la filosofía poniéndolos al servicio de la clarificación de la doctrina cristiana.

Más tarde, a lo largo del período medieval, la teología se constituyó todavía claramente como una ciencia, de acuerdo con los criterios que de la misma tenía Aristóteles, quien expuso cómo por medio de la razón se podía demostrar por qué algo es así y no de otra manera, y cómo por medio de la misma se podía llegar a conclusiones a partir de principios. Fue así que el hacer teológico tendió a enquistarse, seguro de sí mismo.

Hacia el final de la edad media, la teología mostró una tendencia a distanciarse de la Palabra, de manera que ocasionalmente se convirtió en una reflexión puramente filosófica aplicada a cuestiones religiosas. Es también en este período que hubo una tendencia a distinguir e incluso a separar la teología especulativa y la positiva, que usa de la razón y el contacto con la realidad. La teología así fragmentada, se encontró cada vez más apartada de la escucha de la gente y en consecuencia menos escuchada e incapaz para encarar los desafíos de la modernidad.

Llegados al siglo XVI, comienza con Ignacio de Loyola lentamente a tallar de a poco, la posibilidad de otro modo teológico de proceder, gracias al ejercicio de la sabiduría mediante el discernimiento de espíritus, que si bien había hecho fuerte acto de presencia desde el monacato primitivo, no incidió en el hacer teológico, sino sólo en el ámbito de la vida en el Espíritu, y aún en este, cada vez más pobremente hasta la puesta al día gracias a la acción del Concilio Vaticano II. Por ello, será que recién en la segunda mitad del siglo XX, el discernimiento alcanzará el rango de objeto de la teología, gracias a Karl Rahner.

Mientras tanto, durante los siglos XVII y XVIII observamos todavía que la teología transita en muchos casos, como reaccionando en actitud defensiva contra el desafío del pensamiento Iluminista que pretendía crear conciencia con la propia razón. Es por ello que le dio prioridad a la apologética más que a la dimensión sapiencial de la fe, y separó el orden natural de la razón, del orden sobrenatural de la fe.

En la actualidad tenemos un nuevo desafío: el de nuestra época perfecta en los medios pero confundida en los objetivos, agravada por la ausencia de la Verdad Primera como parámetro para poder discernir y salir de la confusión[8], como así también, por una inadaptación del lenguaje de la fe al mundo contemporáneo. Esto exige una manera empírica y diacrítica de encarar la teología, a fin de ayudar en alguna manera a liberarnos de la confusión reinante y madurar desde la experiencia en la vida según el Espíritu.

Para este cometido no hallamos mejor respuesta que acudir a la clave de nuestro modo de proceder. Nos referimos a una de las raíces de la espiritualidad cristiana, el discernimiento de espíritus, no sólo para aclarar problemas existenciales, sino también para encarar la posibilidad del lenguaje sobre Dios y la renovación del atinente a la vida de fe. Por medio de esta raíz de la espiritualidad llegamos al fondo de los problemas seculares y a resaltar el fundamento y centro de nuestro modo teológico ignaciano de proceder: el espíritu de Cristo y del Evangelio.

---

[8] Cf. Ricardo Franco, *"La falta de una base común y la fe en Dios"*, en *Jesucristo, en la historia y en la fe*, Sígueme, Salamanca, 1978, 60-65.

Al mismo tiempo, este modo de proceder ayuda a resolver dos problemas con los que se enfrenta la teología actual: el primero, la brecha entre los creyentes y la reflexión teológica, que con nuestro modo de proceder tratamos de acortar. El segundo, la dificultad de descubrir las señales referibles a la acción de Dios o los llamados "signos de los tiempos".

Este modo de proceder no pretende decirlo todo o explicar todo: si lo hiciese sería otro producto de la ideología moderna. Sino que muestre "radiográficamente", por medio del discernimiento, lo que pasa en concreto por la vida en el Espíritu y no sólo por los pensamientos que pueden decir otra cosa de lo que realmente se vive o pasa por el alma. En otras palabras, que descubra la acción de Dios en el entrevero de la vida a todo nivel, como Verdad Primera, viva y actuante, y sepa dar razón de él.

5. EL QUÉ, EL PARA QUÉ Y EL CÓMO DEL MODO DE PROCEDER

Este descubrimiento de la acción divina… es una revelación continua de la verdad; es un intercambio con Dios que se renueva a cada instante.

Jean-Pierre de Caussade

El "qué", de este modo de proceder es descubrir la acción de Dios mediante una clave: el discernimiento de espíritus, un pilar de la espiritualidad cristiana, y además mediante un instrumento: las pautas ignacianas para tal fin. El "para qué" es, mediante el discernimiento, para ser libres y no esclavos de la confusión, característica de nuestra época. El "cómo", es la aplicación de este instrumento a la vida en el Espíritu y a un modo teológico de proceder, inspirado en el ejercicio de la sabiduría que es el discernimiento de espíritus.

Con Karl Rahner creemos que este modo de proceder es convincente, porque lleva, a través de su clave que es el discernimiento, y de sus medios, que son las pautas ignacianas, a un contacto inmediato con la realidad y no a teorizar, descubriendo en ella la acción divina. Por otro lado, también convence, porque las mencionadas pautas son los medios de un modo de proceder inductivo, existencial y fenomenológico[9], más que

---

[9]Esta alternativa metodológica parece no tenerla en cuenta González de Cardedal al hablar de la posmodernidad. Por ello creemos conveniente resaltarla y hacer ver indirectamente la consideración especial que merecen las pautas dichas y su autor, Ignacio de Loyola, inspirador de otro modo

sistemático, y apto para comunicarnos con la idiosincrasia experiencial del hombre de hoy. Además, el mismo nos muestra indirectamente que lo que está en crisis no es la teología, sino el modo histórico de proceder.

No pretendemos anunciar improcedentemente hacia dónde tiene que ir la teología, sino *"cándidamente"*, como diría Teilhard de Chardin, cómo puede avanzar y servir de alguna manera en medio de la característica de nuestra época, perfecta y hasta desmedida en los medios, pero confundida en los objetivos. Como así también, cómo puede incluso incidir en la transformación de lo real al dejar al descubierto ciertas incongruencias entre el decir y el hacer a nivel sociopolítico y eclesial, por cuanto su clave y sus medios ayudan a profundizar en nuestro conocimiento de la verdad, como así también a responder a nuestra cultura, deseosa de que la inteligencia se someta al dato que la realidad le ofrece. No dudamos en afirmar por esto, que la aplicación de este modo teológico diacrítico de proceder es a veces "incómoda".

De lo dicho hasta aquí podemos resumir diciendo que este modo de proceder desde la experiencia de la vida en el Espíritu intenta, por medio de su manera existencial de proceder, descubrir que Dios acaece y nos alcanza cada vez de nuevo como Alguien vivo y a la vez parámetro de nuestras decisiones, que adviene y es diferenciado en ciertas señales referibles a él.

Este modo, como vimos en el capítulo anterior, comenzó poco a poco a tallar cuando se hizo lugar a la experiencia y al discernimiento de espíritus como objeto de la teología. Su implementación como medio de un modo de proceder, pautado por Ignacio de Loyola, nos permite hablar de un modo teológico ignaciano, al que tal vez Michel de Certeau daría en llamar una *"escritura creyente"*, no sólo por hallarse en el ámbito de la fe, sino también, por ayudar a hacer creíble y coherente la relación entre el decir y el hacer en la vida personal, social y eclesial.

De esta manera se abren posibilidades no sólo para la vida de fe, sino también para la reflexión teológica, guiada por una mayor experiencia de la vida en el Espíritu y de la acción de Dios en ella, quien a su vez, es parámetro para discernir, más allá de lo moralmente bueno y malo, qué es mejor en concreto, puesto que lo mejor es de Dios.

---

teológico de proceder más de cuatro siglos después de escritas. Cf. O. González de Cardedal, *El quehacer de la teología*, Sígueme, Salamanca, 2008.

6. ¿QUÉ NOS REVELA LA ACCIÓN DIVINA?

La acción del Señor es Espíritu.

2 Cor 3,18

Dios, por medio de nuestro modo de proceder con ayuda de las pautas ignacianas, se muestra como quien, aun en tiempo de desolación en el espíritu, actúa tácitamente, puesto que *"está aunque claramente no lo sintamos"* (EE 320,2), como el auxilio que siempre nos queda para resistir a las varias agitaciones y tentaciones del adversario.

Su acción se descubre al andar en fe en su seguimiento; como el que se anuncia y se sustrae; como el que se rebaja; como la novedad del acontecimiento que se muestra, no que se demuestra como conclusión de un razonamiento, sino que se manifiesta por el sentido o hacia dónde nos conduce, sin tratar, por tanto, de averiguar estérilmente de dónde viene para descubrirlo, porque por el origen podemos ser engañados en un comienzo por el adversario disfrazado de apariencia de bien, mientras que "por los frutos" nunca nos equivocaremos. Razonar y discernir, marcan entonces, la diferencia entre ser inteligente intelectualmente hablando, o a la búsqueda de argumentos de razón, y ser sabio según el Espíritu, al descubrir el sentido que motiva las razones, hacia dónde conduce, en qué termina o cómo nos deja.

Es por esto que, hacer teología mediante este modo de proceder no es elaborar un discurso descriptivo previsible y riguroso, sino que es tomar en serio el hecho de que es Dios el protagonista principal en nuestra vida, de quien podemos descubrir su acción en ciertos signos referibles a él en la vida cotidiana, un terreno en el que vale la pena adentrarse y comprometerse para un seguimiento más cercano. Por esto, una teología que abstrae demasiado hacia tecnicismos teológicos no nos convence.

Entrar en el mundo interior mediante este modo de proceder desde la experiencia de la vida en el Espíritu con ayuda del discernimiento, le da a la teología una fisonomía hermenéutica, más aun, diacrítica, al buscar interpretar el sentido de las inclinaciones interiores contrarias de nuestro ánimo. El paso hacia este modo de proceder es posible gracias a que la cultura posmoderna ha tenido el mérito de poner en cuestión una estructura teológica que se fundaba sustancialmente en una idea metafísica de tipo especulativo y a poner en cambio en marcha una lógica que nos abre hacia otro conocimiento de Dios y a un modo de hacer teología capaz de dialogar con la posmodernidad, capaz de enfrentar los problemas de hoy y de siempre, en diálogo con ellos y sin miedo a los choques con la historia.

No se trata, por tanto, de continuar la empresa de intentar mostrar que los contenidos de la verdad cristiana corresponden sólo a la verdad de la razón, sino a la luz del Espíritu, que se manifiesta vivo por medio de señales de su acción, a veces "incómodas" por dejar al descubierto caminos que no son los nuestros o incoherencias entre el decir y el hacer, sea en lo personal, sociopolítico o eclesial.

Lo dicho hasta aquí nos hace ver cómo la confusión, característica de nuestra época, conduce providencialmente a un modo diacrítico de proceder gracias al ejercicio de la sabiduría en el Espíritu, por el que la reflexión teológica no sólo se libera de confusiones, sino que se abre a la coherencia entre el decir y el hacer y a la madurez en el Espíritu, al descubrir señales de la acción divina que atraviesan y purifican su historia. De no ser así estaríamos frente a una teología y a una Iglesia bloqueada e improductiva.

En otras palabras, el tiempo presente nos hace ver cómo la problemática de nuestra confusa época ayuda providencialmente a la reflexión teológica - anclada en el hombre, pero centrada en Dios como parámetro – no sólo a discernir señales referibles a él, sino también, a comprender que la fe cristiana es la decisión del hombre por Dios que se revela a través de una historia concreta y requiere opciones que transforman la misma experiencia religiosa.

Este es el motivo por qué este modo teológico de proceder nos hace entender que el hombre, aun en su necesidad religiosa y en su camino hacia Dios, está abocado a una casi permanente deliberación y elecciones consecuentes, que llevan a un camino inédito, por cuanto nos revelan la acción de Dios vivo, no una idea de él, sino su acción que adviene a la idea, que se hizo hombre en Jesucristo, y nos llama en su seguimiento.

7. ENTRE EL MENSAJE DE LA FE Y LA EXPERIENCIA HUMANA

Antes de proseguir conviene recordar que para la teología clásica era suficiente tratar la cuestión de los fundamentos de la fe en forma de preámbulo, porque la fe cristiana era sustentada en la sociedad global por una evidencia primordial y vivida como una especie de inercia socio-religiosa que la convertía a veces en una costumbre, cuando no en una ideología. Una vez establecida la credibilidad de la creencia cristiana, uno podía introducirse en una explicación de los diferentes misterios de la fe sin preocuparse de la cuestión de su admisión. Hoy en cambio, la fe como experiencia de vida en el Espíritu, obliga en cada etapa de la misma a poner el mensaje de fe y la experiencia humana a la altura de las circunstancias.

Es por ello que la reflexión teológica desde la experiencia de la vida en el Espíritu, es sensible también a las necesidades del hombre moderno de fundar su fe en referencia a su propia experiencia y al modo de encarnarla. Es el punto en que la teología encuentra el empalme a establecer, *"entre el mensaje de la fe... y la experiencia humana"*, tal como proponía en los años 70 del siglo XX el teólogo Franco Ardusso[10].

Ahora bien, la vida según el Espíritu, de acuerdo a la experiencia, se manifiesta conflictiva y requiere por esto de discernimiento. Esto aclara que una interpretación de la misma en la que Dios fuese el único protagonista, sería la mitad de la verdad, por cuanto esta se presenta, de acuerdo a la experiencia personal y a la Escritura, interferida no sólo por nuestras tendencias negativas o raíces de pecado, sino también por quien se aprovecha de ellas y a quien Jesucristo llama en Jn 8,44 *"padre de la mentira y homicida desde el principio"*. Este conflicto interior se revela en el ámbito del espíritu, entre estados de consolación y desolación que toda persona con auténtica vida interior experimenta, y se manifiesta hoy en el mundo exterior bajo la forma de dos culturas: la de la vida y la de la muerte.

Por tanto, presentar a la vida en el Espíritu como un idilio con Dios, no sólo es una idealización que no ayuda a descubrir su acción - cosa que se logra mediante el contraste con la de nuestro adversario - sino que no ayuda a madurar en el Espíritu, lo que se logra mediante el discernimiento de ambos. Este no es un código abstracto o estático de normas a aplicar, sino una lámpara de ruta para descubrir huellas de la acción referible a Dios, cuyas implicancias no se pueden medir de antemano porque se trata de experiencias personales, no de "casos", y de Alguien cuyos caminos no son los nuestros.

Al tener presente esta realidad antagónica de la vida interior, quedan en claro dos cosas: la primera, es que son tres los protagonistas intervinientes, como más adelante explayaremos: Dios, el hombre, y el adversario de la naturaleza humana. La segunda,

---

[10] F. Ardusso, *Diccionario teológico interdisciplinar I. Teología Fundamental*, Ediciones Sígueme, Salamanca, 1982, 187-210.

es que recién cuando se da el antagonismo entre ellos, podemos comenzar a hablar realmente de vida en el Espíritu y de discernimiento, no cuando aparentemente todo no es más que uno sólo el protagonista, donde no hay nada que discernir y mucho para caer en engaños e ilusiones. Vemos así que esta vida es "bélica" y su belleza radica en el descubrimiento de las huellas de la acción divina en medio de la lucha que es el buen combate de la fe del pueblo fiel de Dios en el seguimiento de Cristo.

La consecuencia de considerar a la vida en el Espíritu como sólo la presencia de Dios es, por tanto, irreal y riesgosa existencialmente hablando. La teología desde la experiencia, en cambio, desea llegar a la íntegra y teológica verdad de la misma, tal como se presenta en la realidad existencial, a fin de poner a la reflexión teológica a la altura de la doctrina evangélica de la lucha interior en Jesucristo (Mc 4,13), reflejada en Pablo (Ef 6,12), y en la meditación de *"las dos banderas"* de Ignacio de Loyola (EE 136-148).

De esta manera, la teología se presenta concreta, no abstracta, esencialmente vital, con alma, no fósil. Asimismo se presenta como hermenéutica o interpretativa de la existencia y de la historia del hombre al considerar la vida de fe como lucha; iluminada por la luz del ejercicio de la sabiduría que es el discernimiento; más los descubrimientos que la propia experiencia personal nos brinda. Se integran así, vida de fe y experiencia humana, se evita el divorcio entre ambas, y se llega de esta manera a una auténtica conversión y madurez en el Espíritu, donde Dios entra a formar parte de la vida y no convertido en un Dios de rito dominical. Es así cómo al abordar el panorama bélico de lo que pasa por el alma y discernir la acción de Dios para seguirlo, llega el hombre a la unidad en sí mismo, sinónimo de paz interior y fundamento de una posible santidad.

Esta supone a su vez, disponibilidad, libertad interior o preferencia por Dios como actitud fundamental, más la apertura del alma, que es mucho más que la apertura de conciencia, para poder discernir, puesto que nos estamos moviendo a nivel de la vida en el Espíritu y no de la moral. Por otra parte, esta apertura de alma, remedia una teología con escaso reflejo del Espíritu y una espiritualidad con poco contenido teológico, al mismo tiempo que evita caer en escolástica decadente y fórmula vacía.

Nuestro modo de proceder abre de esta manera nuevos caminos: porque actualiza la Palabra y la interpreta en situaciones concretas; porque discierne y hace ver dónde está la luz en ella, más que hablar sobre ella; y porque ayuda a crecer en la veracidad y libertad interior, como así también experimentar la novedad de Dios en lo de siempre del hombre y del mundo. Su ausencia en cambio, explica, como bien dice

Walter Kasper, por qué *"nuestro mundo actual sin Dios, es en parte una consecuencia de haber predicado un Dios sin referencia al mundo"*[11]. Es por esto, que descubrir su acción desde la experiencia de la vida en el Espíritu, implica hacer referencia al mundo donde esa vida transcurre, y donde el mensaje de la fe y la experiencia humana se relacionan íntimamente.

Por último señalamos dos principios que ayudan a la fe como experiencia de la vida en el Espíritu y la ponen a la altura de las circunstancias. El primero es la fidelidad, sin claudicaciones ni concesiones, al espíritu de Cristo y del Evangelio en su Cuerpo, que es la Iglesia. El segundo es la fidelidad a la integración no resignada sino gozosa con el mundo que nos toca vivir, por medio de la participación activa en sus diversas manifestaciones culturales, sociales y políticas. De esta doble, indisoluble y dinámica fidelidad, surge la forma histórica del cristiano, que hace posible su influencia creativa en la marcha de la historia.

Finalmente, digamos que el hecho de no recurrir a "autoridades" no desliga nuestro discurso de quien lo acredita: Ignacio de Loyola, quien no sólo reflexionó teológicamente desde la experiencia personal, del mundo y de la Iglesia, sino que además, hizo posible el paso del discurso - función de la teología en el pasado - a un marco teológico que nos permite hacer que la Iglesia pase, de producto u objeto imaginario del discurso a lugar de producción, a suministrador de criterios, a discernidor fiel de las exigencias evangélicas, capaz de sostener un lenguaje de creyentes con el mundo.

8. UNA BREVE GUIA PARA LA AYUDA DE OTROS

Para quien de alguna manera busca ayudar a otros en la vida según el Espíritu, importa tener presente lo que resalta san Juan de la Cruz en su libro *Llama de amor viva*:

Para guiar el espíritu, aunque el fundamento es el saber y la discreción, si no hay experiencia de lo que es puro y verdadero espíritu, no atinará a encaminar al alma en él cuando Dios se lo da, ni aun lo entenderá[12].

---

[11] W. Kasper, *Fe e historia*, Salamanca, 1974, 191.

[12] S. Juan de la Cruz, *Llama de amor viva*, 3,30. En otras palabras: *"El conocimiento une al hombre con Dios por la experiencia"*: Diadoco de Fótice, *Obras Completas, Capítulos Gnósticos, 9.* Editorial Ciudad Nueva, 1999, 76. O también: *"El conocimiento de Dios, como todo conocimiento, necesita de un fundamento que esté en consonancia con la experiencia"*: W. Kasper, *El Dios de*

"Para guiar el espíritu", o sea, para orientar a otro en la vida según el Espíritu - que es el verdadero guía - es preciso, por un lado, tener presente que uno de sus fundamentos es no sólo saber que *"espíritu"* es una moción o inclinación interior de nuestro ánimo hacia lo positivo o negativo, sino sobre todo, tener experiencia del mismo, sin la que no hay guía posible. Este se muestra, por tanto, en las mociones o inclinaciones contrarias de nuestro ánimo, tales como consolación y desolación en el espíritu, constituyentes de una auténtica vida interior[13], y por otro lado, importa discernirlos, de lo contrario *"no atinará a encaminar al alma"* porque al no discernir caerá en confusión.

Cuando estos movimientos interiores contrastantes no se perciben, es bueno provocarlos para descubrirlos y capacitar para discernirlos, tal como hacía san Pedro Fabro, cuando inducía a otros a dar un paso para un seguimiento más cercano de Cristo:

A estos, sin embargo, por santos que sean, si los indujeres a examinarse en algún grado de vida y conducta más perfecta, dentro de su estado, si es mutable, o en otro estado más perfecto, fácilmente se echarán de ver el uno y el otro espíritu, es a saber: el que da fortaleza y el que debilita, el que ilumina y el que ofusca, el que justifica y el que mancha, es decir, el bueno y el contrario del bueno. (Memorial, 302).

Por tanto, para interpretar la variedad de espíritus, ayuda tener presente lo que pasa en concreto por el alma, como son por ejemplo, los deseos por ser no premeditados, y no tanto las ideas o pensamientos elaborados por nuestra mente. El uso de las pautas para discernir espíritus presupone por esto, una real toma de conciencia de la presencia de dicha variedad, que es la que en definitiva posibilita tal discernimiento y hace posible descubrir la acción de Dios en señales referibles a él, tales como son la fortaleza y la luz en el ejemplo dado.

Jesucristo. Sigueme, Salamanca, 1990, 102. Este fundamento es una sabiduría "práctica", cuyo ejercicio es el discernimiento de espíritus.

[13] Cf. M. Flick y Z. Alszeghy, *Cómo se hace la teología*, Ediciones Paulinas, Madrid, 1982, 175. Afirman estos autores que sin esta toma de conciencia de esa variedad de espíritus no se puede hacer teología.

9. UNA TENTACIÓN DE LA TEOLOGÍA

El teólogo es un creyente que vive la experiencia de Dios.

Tomás de Aquino, II-II, 45,2

A propósito de la toma de conciencia de la variedad de espíritus, deseamos tratar, antes de pasar a la segunda parte, una tentación de siempre en la teología. Esta es separar la experiencia, a la que nos exhortó atender Juan de la Cruz, y divagar en cambio, hacia una especulación irrelevante[14]. En particular, este divorcio de la experiencia de la vida en el Espíritu ha dado como resultado una teología poco espiritual y una espiritualidad poco teológica, donde aquélla se muestra ciertamente árida y no convincente. Es por esto que suponemos y partimos en nuestro modo de proceder, de la experiencia de todo aquel con auténtica variedad contrastada de espíritus en su camino hacia Dios, y no de una vida interior de "florcitas", como decía santa Teresa de Jesús.

En este sentido, descubrir la acción divina no es una simple experiencia humana, ni una reflexión subjetiva, sino prestar atención a esa variedad, es decir, al sentido que las mismas tienen o adonde nos conducen, para saber si son de Dios o no[15]. Nuestro modo de proceder es por esto, interpretativo y diacrítico.

Por ser tal la tarea de descubrir la acción divina, vamos más allá de las pruebas y los análisis, al descubrimiento experiencial y fenomenológico de las señales referidas a la acción de Dios. Todo esto es importante a condición de no quedarnos en el nivel psicológico, sin tampoco negarlo, sino pasar más allá, al nivel de realidad más profundo de la persona humana, el de la vida en el Espíritu.

Por esto la teología desde la experiencia de la misma brinda, por un lado, la posibilidad de interpretar diversos lugares teológicos, como haremos en la tercera parte, y las preguntas que formularemos al texto comportarán necesariamente una

---

[14] Tal como en el siglo IV apreciaba san Basilio: *"Los hombres, en lugar de ser teólogos, han aprendido a especular"* (Ep. 90).

[15] Como dice san Bernardo:*"¿Qué importa, para el caso, conocer la persona que nos habla* (la propia psicología o los espíritus que vienen de fuera) *constándonos de antemano ser pernicioso lo que nos dice? Si conocemos que es nuestro enemigo, hay que resistirlo y rechazarlo varonilmente, como a tal; y si fuese tu mismo espíritu* (o sea, tu psicología) *quien te aconseja mal, vuélvete contra él". Sermón 23,4.*

apertura a respuestas imprevisibles. Por otro lado, esto explica por qué hablamos de un modo teológico de proceder y no de un tratado.

Lo que profundiza y da peso a nuestro modo experiencial de proceder es indudablemente su clave, el discernimiento de espíritus, que junto con los medios pautados por Ignacio de Loyola, es una ayuda eficaz, no sólo para descubrir la acción de Dios y madurar en el hombre interior, a tenor de san Pablo en 1 Cor 14,20, sino también, para integrar la experiencia en el modo de proceder y abrir de esta manera la reflexión teológica a un nuevo campo de acción.

SEGUNDA PARTE: UN MODO DE EXPERIMENTAR

1. EL CAMINO DE LA EXPERIENCIA

Si todavía hay una escritura creyente que merezca el nombre de teología, ella es la expresión de una experiencia cristiana que se encarna en la historia.

Claude Geffré

El descubrimiento de la acción del buen espíritu referible a Dios, se manifiesta sobre todo y sin dudar, en los momentos en que hacemos una elección o reforma de vida por medio de la *"experiencia de consolaciones y desolaciones y por experiencia de discreción de varios espíritus"* (EE 176), donde, por contraste de ambas mociones interiores, el buen espíritu referible a Dios, se manifiesta en la consolación o confortación en el espíritu.

Acudimos a Ignacio de Loyola porque nos ayuda no sólo a entender, sino a valorar, más de cuatro siglos después, cuál es, por un lado, la clave de nuestro modo de proceder, el discernimiento, y cuáles son, por otro lado, los medios, sus pautas para discernir, que nos permiten hablar de Dios desde la experiencia de la vida en el Espíritu, con precisión empírica y diacrítica en servicio del hombre. En el momento actual, la importancia de este aporte se debe al hecho de que, según Kasper:

Tradición y especulación, necesitan de una renovación en el marasmo actual de la teología que tantos lamentan. En efecto, una teología de orientación pastoral, es decir, enfocada a las cuestiones del hombre actual, no exige en su concepto genuino una rebaja, sino un plus de radicalidad científica[16].

Entendida esta última como radicalidad sabia, para una renovación del hacer teológico en el apático momento actual, brindada por una raíz de la espiritualidad cristiana, como es el discernimiento, ejercicio de la sabiduría según el Espíritu. La renovación de la tradición y especulación así enfocada, está en continuidad con la tradición bien entendida, dentro de la que se inscribe nuestro modo de proceder, y en consonancia con el siglo XXI, más existencial que especulativo.

---

[16] W. Kasper, *El Dios de Jesucristo*. Sígueme, Salamanca, 1990, 9.

En nuestro modo de proceder no se encuentran por tanto, teorías nuevas, ni tampoco repetitivas, sino en todo caso hallamos el esfuerzo por bajar a lo existencial, gracias a la ayuda brindada por Ignacio de Loyola. Esto implica un sosegado apasionamiento por la realidad misma de la teología, que recobra gracias a las pautas para discernir un lenguaje significativo, porque brindan la ocasión de una realista percepción de la vida en el Espíritu y la comprensión profunda de la libertad humana, en su grandeza y en sus límites.

Este hacer teológico se realiza, por tanto, desde la propia identidad cristiana, es decir, desde la experiencia personal y conflictiva del camino hacia Dios, de cuya experiencia nace una palabra nueva, connaturalizada con la realidad a la que refiere. La teología que así surge, nace arraigada en la experiencia reconocida y analizada, y la propia palabra teológica logra una transparencia y significancia insospechadas. Esta tarea revela, por un lado, la grandeza y la miseria del teólogo, que es colaborar con el Espíritu y ayudar de alguna manera a los hombres a descubrir su acción para poder madurar en el hombre interior y llegar a la Verdad Primera. Por otro lado, es una oportunidad que a la teología se le presenta para su desarrollo, renovación y creatividad en un momento un tanto estanco de la misma.

En nuestro modo de proceder, la respuesta a la problemática profunda del hombre abarca y trasciende toda otra respuesta y se expresa en la palabra "Dios", como Verdad Primera. Ella es el parámetro con relación al que discernimos, como así también, el fundamento y meta de toda realidad, tema que sentimos urgente en un momento histórico trascendental, apremiado de renovación y revitalización, y reclamante al mismo tiempo de un lenguaje descriptivo o fenomenológico para ser reconocido. Pero esto no es posible sin un esfuerzo serio del pensamiento, es decir, sin un paso desde el formalismo de las proposiciones de la fe, a un descubrimiento de las señales de la acción de Dios vivo al que nos invita Ignacio, tanto al *"mirar y considerar"* la Creación (EE 235-237), como también al hacer una elección o reforma de vida y tomar conciencia de que se llega a ella cuando *"se toma mucha claridad y conocimiento por experiencia de consolaciones y desolaciones y por experiencia de discreción de varios espíritus"* (EE 176), en una palabra, cuando se toma conciencia a lo largo del tiempo, de esta variedad que pasa por el alma. Descubrir la acción de Dios es, como vamos viendo, un ejercicio de la sabiduría en el Espíritu, que somete la inteligencia al nivel de realidad más profundo de la persona humana, el del espíritu.

Según lo dicho hasta aquí, para descubrir la acción de Dios importa considerar en primer lugar, lo que pasa *por* el mundo interior. Para abordarlo es preciso comenzar por entrar en uno mismo y constatar por experiencia la presencia de tres protagonistas, que se manifiestan en tres clases de pensamientos: *"uno propio mío, el cual sale de mi mera libertad y querer* (positivo o negativo)*, y otros dos, que vienen de fuera, uno que viene del buen espíritu* (referible a Dios)*, y otro del malo* (referible a nuestro adversario)*"*[17]. Este mundo interior es por tanto para Ignacio, el campo de una lucha de pensamientos o 'espíritus', como lo es también en san Juan o san Pablo, donde queda clara la presencia de aquel a quien Jesús llama *"el padre de la mentira"* (Jn 8,44), distinto de nosotros y de Dios, a quien vino Jesús *"a deshacer sus obras"* (1 Jn 3,8).

Esto hace que cada momento sea una experiencia privilegiada para diferenciar lo que es de Dios y lo que no, sobre todo por su sentido o tendencia. En otras palabras, es aprender a descubrir la Luz y dar razón de su acción, para finalmente tomar decisiones. Esta aparente modestia del pensamiento es resultado, sin embargo, de la honda riqueza que brinda la experiencia diacrítica de la vida según el Espíritu y de la manera fenomenológica de enfocarla mediante el discernimiento.

Esto señala asimismo, que lo importante del momento teológico actual es recuperar las propias fuentes, en nuestro caso, el pensamiento original de Ignacio de Loyola, maestro de la comprensión y realización cristiana de la existencia, como así también, es reconquistar una de las raíces de nuestra espiritualidad cristiana, como es el discernimiento, todo ello motivado por una mayor preocupación evangelizadora y una mayor conciencia de la importancia que un enfoque diacrítico tiene para el hombre de hoy - sobre todo cuando ha de abocarse a una elección o reforma de vida - cuya finalidad es no ser esclavos de la confusión característica de nuestra época y descubrir la acción de Dios vivo, entreverado en su existencia.

En este sentido, nuestro modo de proceder tiene presente la acción de Dios pero se dirige al hombre, para ayudarle a encontrar el sentido del más acá y del más allá, el misterio de la salvación, el tesoro que no puede ser arrebatado ni se deteriora con el tiempo y a encaminar su vida hacia ella. Este dinamismo real de la vida cristiana impulsada por el Espíritu, permite percibir el alcance de lo que se habla y ver las cosas desde Dios, o sea, descubrir su acción nueva y permanente, y no desarrollar un discurso teórico y repetidor de lo que de antemano adivina de memoria el creyente.

---

[17] Ignacio de Loyola, *Ejercicios Espirituales* (EE), 32,2-3.

2. LA EXPERIENCIA IGNACIANA

Hasta aquí hemos hablado de las mociones o inclinaciones contrarias de nuestro ánimo, o como dice Ignacio, acerca de la experiencia de *"consolaciones y desolaciones"* o *"varios espíritus"* (EE 176) que se producen en el alma. Ahora bien, cuando captamos el contraste entre estos y tomamos claridad y conocimiento del mismo, estamos entonces frente a la posibilidad real de discernir y descubrir la acción de Dios. Estas mociones contrarias se suceden bajo diversas formas, con mayor o menor frecuencia y son señal de vida en el Espíritu, no de desastre interior alguno, Los rasgos característicos de esta experiencia de discernir son los siguientes:

1. Es un descubrimiento con ayuda de las pautas ignacianas, por contraste de las señales referibles a Dios, sobre todo por su sentido o adonde conducen, y de las contrarias de nuestro adversario.

2. Es un descubrimiento dinámico. Porque permite descubrir la doble acción del bueno y del mal espíritu, y esto, con mayor o menor intensidad.

3. Es un descubrimiento encarnado. Porque se origina en la experiencia de la vida en el Espíritu. Este realismo u objetividad ignaciana protege a la vida en el Espíritu de ilusiones engañosas.

Esta experiencia posibilita una manera de conocer empírica, no especulativa, por cuanto es lograda *"por experiencia de consolaciones y desolaciones y por experiencia de discreción de varios espíritus"* (EE 176). Digamos de paso, que un equivalente de la palabra experiencia en Ignacio es, *"sentir internamente"*, contrapuesto al *"mucho saber"* (EE 2,4). Por esto es que, cuando presenta a las pautas para discernir como aptas para *"en alguna manera sentir"*, quiere decir, que son para en alguna manera experimentar, advertir o caer en la cuenta de lo que pasa por el alma (EE 313). Se trata, por tanto, de un saber experiencial, y si vale el término "práctico" o en orden a la acción.

De igual manera, Ignacio hace notar con respecto al adversario, que cuando este: *"fuere sentido* (o sea, experimentado) *y conocido de su cola serpentina* (o descubierto en ciertas señales referibles a él) *y mal fin a que induce* (por el sentido de la incitación)*"*, se procure, *"que con la tal experiencia, conocida y notada* (o sea, discernida y advertida)*, se guarde para delante de sus acostumbrados engaños"* (EE

334,1 y 4), es decir, se aproveche de la experiencia en adelante para no ser sorprendido, ni confundido. Es importante notar nuevamente, cómo este conocimiento por experiencia es posible gracias a la diferenciación de las señales contrapuestas, de Dios y del enemigo, y esto *"para delante"*, o sea, para el crecimiento, madurez y fortaleza interior en la vida según el Espíritu.

3. UN MODO DE PROCEDER A PARTIR DE LA EXPERIENCIA

Hablar con sentido de Dios solamente es posible sobre la base de las experiencias humanas.

E. Schillebeeckx

Según vamos viendo, descubrir la acción de Dios es actualizar el contenido mismo de la fe encarnada en la historia y en el nivel más profundo de realidad de la persona humana, el del espíritu. Es por esto que nuestro modo de proceder ayuda a comprender a la teología como interpretación diacrítica de lo que pasa por el alma, y es inseparable de la experiencia motivadora de un modo de proceder a partir de la misma. Ella se presenta a la vez como lugar de producción del sentido del mensaje cristiano y como lugar de verificación de este mensaje. La teología se puede definir entonces desde la experiencia, como una hermenéutica que actualiza el mensaje y crea nuevas posibilidades de existencia.

Como llevamos dicho hasta aquí, para descubrir la acción de Dios la hermenéutica busca interpretar el sentido de las inclinaciones interiores contrarias de nuestro ánimo. Esto hace que el modo de proceder sea un movimiento sin fin en el que la novedad de las preguntas formuladas comporta necesariamente respuestas imprevisibles. Esto se explica además por el desplazamiento de los contextos de credibilidad del hombre moderno que se operó a partir de la segunda mitad del siglo XX, las que cambiaron profundamente las condiciones históricas de la fe y, por tanto, del discurso teológico.

Una consecuencia de este desplazamiento de los contextos de credibilidad fue la aparición de nuevos lugares para la teología, que modificaron la función de los tradicionales. Entre ellos el lugar propiciado por Karl Rahner en 1958[18], cuando habló, no sólo en general de los *Ejercicios Espirituales* de Ignacio de Loyola, sino

---

[18] Cf. K. Rahner, *Lo dinámico en la Iglesia,* Herder, 1962.

más en concreto de las pautas de discernimiento de los mismos como objeto para la teología. Estas, según vamos viendo, son en efecto, no sólo la clave y los medios para descubrir la acción de Dios, sino más aun, para la elaboración de un modo teológico de proceder a partir de la experiencia.

Ellas nos dicen que el discernimiento es una operación de la inteligencia diacrítica, de la sabiduría en el Espíritu o de la caridad discreta. Esta trata sobre la relación con Dios, pero no como medio para su conocimiento directo e inmediato, sino para descubrir su acción en señales referidas a él, sobre todo por su sentido, pero también por el efecto o por contraste, las que al presentar Ignacio en forma pautada, muestran al ejercicio de la sabiduría en su carácter eminentemente práctico e interpretativo más que programático, y liberado de las veleidades de la subjetividad. Comunican por esto, un "saber actuar" frente a confusas situaciones existenciales.

Con respecto al modo que tuvo Ignacio de llegar al discernimiento, nos dice cómo a pesar de haber notado diferentes estados de ánimo, sin embargo continúa diciendo en tercera persona:

… no miraba en ello, ni se paraba a ponderar esta diferencia, hasta en tanto que una vez se le abrieron los ojos, y empezó a maravillarse de esta diversidad y a hacer reflexión sobre ella, <u>entendiendo por experiencia</u> que de unos pensamientos quedaba triste y de otros alegre, y poco a poco viniendo a conocer la diversidad de los espíritus que se agitaban, el uno del demonio, y el otro de Dios[19].

En otras palabras, no reparó en la diferencia, hasta el momento en que se le *"abrieron los ojos"*, o sea, al *entender por experiencia* la variedad de lo que pasaba por su alma, y en esa variedad, descubrir la señal referente a la acción de Dios por el efecto de la misma, la alegría en este caso, y por el contrario, la de nuestro adversario en la tristeza.

Este tipo de conocimiento experiencial y práctico, en el contexto teológico contemporáneo de Ignacio, sonaba casi osado y aun hasta la primera mitad del siglo XX, por cuanto el trasfondo antropológico y teológico de la teología dominante hasta ese entonces, dificultaba en gran medida la inclusión de la experiencia como instrumento de reflexión teológica. Para retomar de un modo renovado el tema, hubo de modificarse el horizonte de la reflexión, hasta alcanzar una perspectiva que

---

[19] Ignacio de Loyola, *Autobiografía* 8. El subrayado es nuestro.

conjugase una recta comprensión de la revelación con una visión más personal y existencial.

La historia del pensamiento cristiano muestra entonces, cómo la relación entre lo que puede denominarse experiencia cristiana y teología ha sido una cuestión compleja, llena de dificultades y de matices. A partir de la crisis protestante a la modernista, así como en otros muchos momentos críticos de su historia – jansenismo, quietismo, tradicionalismo, etc. - la teología debió enfrentarse a problemas cuyo centro era la cuestión de la experiencia[20]. Para abordar y aclarar este tema, cooperó indudablemente Ignacio con sus pautas para discernir, expresiones de la vida misma y no de teoría algina, recién valoradas, como vimos más arriba, por Karl Rahner, como objeto de la teología a fines del siglo XX.

Por otro lado ¿cómo dudar que los *Ejercicios Espirituales* de Ignacio de Loyola conduzcan verdaderamente a un descubrimiento de la acción de Dios, si su finalidad es nada menos que *"buscar y hallar su voluntad"* (EE 1,4) mediante la relación personal con él y el discernimiento? El resultado de tal búsqueda es un descubrimiento que se da: *"cuando se toma mucha claridad y conocimiento por experiencia de consolaciones y desolaciones y por experiencia de discreción de varios espíritus"* (EE 176)[21], es decir, por experiencia del discernimiento de lo que pasa por el alma, donde se descubren ciertas señales referibles a Dios en el entrevero de la vida, contrapuestas a las del adversario, y no una experiencia a-espacial y a-temporal de tipo místico, de Dios en sí mismo.

Esta experiencia se convierte entonces en motivadora de otro modo de proceder o de hacer teología. ¿Pero cómo explicar una tal coexistencia de conocimiento y experiencia? Por el ejercicio de la sabiduría "práctica" que es el discernimiento, donde conocimiento y experiencia son inseparables. O como dice el teólogo Diadoco de Fótice (siglo V): *"El conocimiento une al hombre con Dios por la experiencia"*. O más explícitamente dicho por él mismo: *"Deseando conocer concientemente el amor de Dios... experimenté de tal modo su acción que mi alma se apresuró entonces, con un gozo y una caridad inefables, a salir del cuerpo e ir hacia el Señor"*[22]. Magnífica definición del conocimiento unido a la experiencia, un encuentro real de ambos que involucra al hombre entero y lo lleva a salir de sí, es decir, a actuar movido por una

---

[20] Cf. J. Mouroux, *L'expérience chrétienne. Introduction à une théologie.* Coll. Théologie, 26, Aubier, Paris 1952, *Avant-propos* 5. J. A. García, *Fe y experiencia cristiana. La teología de Jean Mouroux.* EUNSA, Pamplona, 2002.
[21] El subrayado es nuestro.
[22] Diadoco de Fótice, *Obras completas,* Editorial Ciudad Nueva, Madrid, 1999, 9, 76 y 91.144.

"caridad inefable", al encuentro de Dios en los demás. En otras palabras, la auténtica relación personal con Dios lleva a la acción, o por el contrario es un escapismo.

Descubrir su acción es, por tanto, no sólo conocer por experiencia señales referidas a él, las que hacen de este descubrimiento un encuentro real que asume al hombre entero, sino también, una forma de recuperar el contenido mismo de una auténtica vida de fe, que se manifiesta en hechos, como así también, recuperar la dimensión existencial de la fe como decisión por Cristo, antaño comprendida de forma excesivamente intelectual, de manera que la totalidad de la persona creyente difícilmente se veía involucrada en el acto de creer, y el cristianismo, en consecuencia, expuesto fácilmente a ser convertido en ideología o mera costumbre social.

4. TRES PROTAGONISTAS EN LA EXPERIENCIA CREYENTE

Comenzaron bien su carrera ¿quién les puso obstáculo para no seguir a la verdad? Semejante persuasión no proviene de Aquel que los llama.

Gálatas 5,7

Para descubrir la acción de Dios es preciso tener presente que no todos los pensamientos salen de nuestro querer y libertad, sino que hay otros dos que vienen de fuera. Esto quiere decir que si hay pensamientos negativos, que no salen de nosotros ni vienen de Dios, porque no es de él lo negativo, son de un tercero, como insinúa Pablo a los gálatas. Este interfiere la relación y se presenta como *"padre de la mentira y homicida desde el principio"* (Jn 8,44), o *"enemigo de la naturaleza humana"* (EE 7,2), como lo llama Ignacio, y sobre quien interroga Pablo a los gálatas a nivel de la vida en el Espíritu: *¿quién les puso obstáculo para no seguir a la verdad?* (Gal 5,7). De la misma manera, si hay pensamientos positivos que no salen de nosotros, ni vienen de nuestro enemigo, porque no es de éste lo positivo, luego son de quien se presenta como *Camino, Verdad y Vida*, y *"se manifestó para deshacer sus obras"* (1 Jn 3,8).

El descubrimiento de la acción de Dios se logra por tanto, por contraste, por el sentido, o por aplicar el criterio evangélico irrebatible de Jesús: "por los frutos". Esto quiere decir que el adversario puede comenzar por presentarse bajo apariencia de bien, pero al final, por el sentido o por el efecto final, siempre se delata. En cuanto a la continuidad de la presencia de mociones o inclinaciones antagónicas de nuestro ánimo a lo largo de la vida, no quiere decir que sea imposible la paz interior, sino que esta es una tarea y una conquista permanente que se logra al discernir y liberarnos así de la confusión que nos la quita.

La manera por medio de la que este modo de proceder descubre la acción de Dios es, por tanto, desde la experiencia de la vida en el Espíritu, mediante el discernimiento sobre todo - volvemos a insistir por importante - del sentido de las mociones interiores. Esta experiencia creyente posibilita además, un *"conocimiento interno del Señor"* (EE 104), al que san Pablo nos invita exhortándonos para ello a tener *"los mismos sentimientos que tuvo Cristo"*, que es más que tener los mismos pensamientos, por cuanto implican una mayor identificación. Ellos se manifiestan en las señales de su acción que son *"dar ánimo y fuerzas, consolaciones, inspiraciones y quietud, y facilitar y quitar todos los impedimentos para que en el bien obrar procedamos adelante"* (EE 315,3).

Conocer a Dios en nuestro modo de proceder, por tanto, quiere decir descubrir su acción en la experiencia diferenciada de todo lo que ayuda a ajustar la propia vida con la auténtica que él nos muestra, no en cambio, pretender localizarlo, o encerrarlo en razonamientos. Tal como lo testimonia María al comunicar su experiencia: *"El Señor hizo en mí maravillas"*. O sea, que su conocimiento de Dios se dio por medio de la experiencia de lo operado en ella, no por especulaciones abstractas. De esta manera no sólo conoció *quién* era el que actuaba en ella, sino también *cómo* era su modo de obrar.

5. CÓMO DESCUBRIR LA ACCIÓN DIVINA

Uno querría saber de qué manera Dios está ahí, en qué signos se puede reconocer su presencia.

Henri Bremond

Sin haber tomado un camino que pudiera ser anunciado como un modo teológico de proceder, Ignacio de Loyola sin embargo, abrió la posibilidad de una manera propia, al ayudar más que a reconocer la presencia de Dios, como dice Bremond, a descubrir su acción por medio de sus pautas de discernimiento de espíritus, es decir, por medio de un modo diacrítico, que no es el único, pero sí válido en todo quehacer, y por tanto, atañe también a la teología. Su valor radica en ser no sólo *otra* manera teológica de proceder, sino en posibilitar *otro* conocimiento de Dios que el místico, en el que se clarifican existencialmente cuestionamientos de siempre.

Si para este descubrimiento las pautas hubiesen explícitamente puesto el problema del conocimiento de Dios, ellas habrían necesariamente abandonado el terreno de la práctica. Su eficacia en este dominio en cambio, le viene precisamente de no poner la cuestión en términos teóricos, sino "prácticos", como es descubrir su acción, ni tampoco en términos programáticos, sino interpretativos. Esto quiere decir que ellas resuelven el problema del conocimiento de Dios en su orden y por medio del descubrimiento de su acción en ciertas señales que lo identifican como referibles a él, no en sí mismo o localizado en las mismas, sino como "buen espíritu". El discernimiento se presenta entonces como otro modo de conocimiento de Dios, por medio de algo que es más que una técnica, o un análisis psicológico, por refinado que este sea o que pueda ser adquirido sólo por la práctica, sino que es un don del Espíritu Santo, que se ha de pedir y a todos se da generosamente, y al mismo tiempo ha de ser ejercitado y probado.

Descubrir la acción de Dios es entonces "diferenciarla", ya sea de la de nuestro adversario, de todo lo creado, y de uno mismo, o sea, es hacer la diferencia entre Dios y todo lo que no es él. Sus huellas generan un tipo de conocimiento fenomenológico, que al poner el acento sobre el discernimiento para descubrirlas, supera la subjetividad y la sensiblería religiosa. Este descubrir la acción divina es ayudar, como dice Pablo, a tomar en serio nuestra salvación, como exhorta a los cristianos de Filipos: *"porque es Dios el que obra en ustedes haciendo que quieran y obren movidos por lo que a él le agrada"* (Flp 2,13). O sea, que el descubrimiento de la acción del Hacedor no sólo es importante en sí, sino porque abre nuestro sentido interior al descubrimiento, más allá de nuestros propósitos, de lo que él nos propone para seguirlo más de cerca, y esto es lo que importa para la realización de su plan salvífico.

Para explicitar más aun el modo de descubrir su acción, veamos el ejemplo que nos da el catador de vinos, que se forma mediante la prueba de diferentes gustos con el paladar y no sólo con el estudio de enología. Así también, se descubre la acción de Dios mediante la experiencia del discernimiento de lo que pasa por el alma, no sólo mediante el estudio de teología. Por esto, descubrir su acción implica un tipo de conocimiento experiencial, tal como nos dijo Diadoco de Fótice. Gracias al mismo, descubrimos a Dios no como un pensamiento o idea, o desde el discurso, sino desde la experiencia de la vida en el Espíritu.

Este conocimiento experiencial hizo decir al teólogo Jean Mouroux a mediados del siglo XX, que la experiencia religiosa es *"dinámica por esencia"*. Y Ratzinger añade más aun al decir, que *"la posibilidad de una teología creativa es tanto mayor, cuanto más la fe se convierte realmente en experiencia"[23]*, o sea, cuanto más la fe pasa a ser un estilo testimonial evangélico corroborado en la vida.

6. UN MODO DE PROCEDER CAPAZ DE DESCUBRIR

El conocimiento une al hombre con Dios por la experiencia

Diadoco de Fótice

La vida manifestada en Cristo como un cuerpo en la Historia, una "carne", reclama un modo teológico de proceder capaz de descubrir señales referentes a él, tanto en la creación, como en lo que pasa por el alma y en los signos de los tiempos.

Para ejemplificar el mismo explayemos el ejemplo anticipado en el Prólogo. Supongamos que "Z" vive con "X" y cada vez que este llega a la casa, "Z" descubre su llegada, sin dudar ni poder dudar, por el sólo hecho de oír cómo se abrió y se cerró la puerta y el taconeo al caminar, es decir, sin ver la persona, ni oír su voz, sino por medio de señales referibles sólo a "X" y no a otro. Si por descubrir entendemos un descifrar las relaciones de las cosas, podemos afirmar que "Z" descubre a "X" al relacionar con ella sus señales y a la espera de ver a continuación efectivamente a la persona identificada de este modo. De la misma manera, podemos descubrir la acción de Dios en ciertas señales que nos ayudan en su seguimiento. A este ejercicio diacrítico es al que además nos referimos como otra experiencia creyente de Dios que la mística.

Ahora bien, en el ejemplo dado, descubrir el modo de actuar de "X", ¿significa captar la naturaleza de la persona? No, sino sólo descifrar las manifestaciones o signos que la relacionan e identifican con ella, en una especie de identikit. Este es, por tanto, un modo creyente de proceder experiencial, mediado y limitado, pero cierto, en el sentido que comporta no sólo el juicio de la razón acerca de la existencia de "X", sino también acerca de su forma particular de actuar. Este es, aplicado a Dios, otro modo de conocerlo sin pensarlo en sí mismo, sino de descubrirlo en la experiencia de su accionar.

A este descubrir en la acción señales referentes a Dios o modo creyente de proceder, se refiere el mismo Jesús al responder a los discípulos de Juan el Bautista, enviados para averiguar si era él quien debía venir o si debían esperar a otro, al

---

[23] J. Ratzinger, *Naturaleza y Misión de la Teología. Ensayos sobre su situación en la discusión contemporánea.* Ágape Libros, Buenos Aires, 2007, 64.

decirles: *"Vayan y cuenten a Juan lo que oyen y ven"* (Mt 11,4), o sea, vayan y cuenten al Bautista lo que han descubierto de él al oírlo hablar y verlo actuar. Lo mismo manifiesta el apóstol Juan en su primera carta: *"Lo que hemos visto y oído os lo anunciamos"* (1 Jn 1,3), o sea, anunciamos lo descubierto en su modo de actuar y de hablar después de convivir y compartir la vida con él durante tres años. De la misma manera el mismo Juan descubre la acción de Dios al decir sin dudar, *"es el Señor"* (Jn 21), refiriéndose al desconocido que está en la orilla del lago, o sea, al ver la señal referible sólo a él, como fue la red de pescar con inesperados ciento cincuenta y tres pescados después de una noche sin haber podido pescar nada.

Ahora bien, este descubrimiento se realiza generalmente, con la ayuda de otro, como fue, en el citado pasaje del lago en Juan 21, la que recibieron por parte de Juan los demás discípulos, al oírle decir: *"es el Señor"*, o también, como es el caso nuestro, con la ayuda de medios como son las pautas ignacianas, que nos proveen de variadas señales referentes a Dios bajo la forma de "buen espíritu" y a nuestro adversario como "mal espíritu". O sea, que el descubrimiento de la acción de Dios, se realiza con ayuda del discernimiento como clave, y de las pautas ignacianas como medios, que identifican sus señales y marcan el modo teológico de proceder con sello propio. Más aun, las pautas encuentran así su lugar como objeto de la teología y habilitan para una experiencia mediática de Dios.

Es verdad que nuestro modo diacrítico de proceder es *una* manera, no la única, pero válida en todas. De lo contrario no diría la Escritura: *"Sólo así supieron los hombres lo que a ti te agrada"* (Sab 9, 18). ¿Cómo? mediante el ejercicio de la sabiduría en el Espíritu que es el discernimiento. ¿Quiénes? todos los hombres, cada uno en la medida que se disponga con disponibilidad o libertad interior a poner en práctica este don divino liberador de confusiones y una de las raíces de la espiritualidad cristiana[24].

7. ¿CÓMO SE REALIZA EL REVELADO DE LO DESCUBIERTO?

El revelado de la radiografía de la acción de Dios por medio del discernimiento, ayudado de las pautas ignacianas, se realiza al conjugar el don de la luz del Espíritu con la racionalidad humana iluminada por la gracia. Este se realiza, como ya hemos visto, por contraste, por los frutos o efectos, o por el sentido. Es entonces que

---

[24] Es por esto que no hay santo canonizado que no haya tenido, en mayor o menor medida, esta sabiduría según el Espíritu y su ejercicio, el discernimiento.

aparece lo que es de Dios y lo que no. Descifrar esto es la tarea de nuestro modo creyente de proceder, conducente al descubrimiento de la acción divina.

En el análisis de vivencias personales o lugares teológicos, la aplicación de las pautas requiere un fiel ajuste a los textos autobiográficos, como haremos en la tercera parte, para corroborar lo dicho, a fin de apoyar en ellos y con ellos la radiografía revelada por su medio. El discernimiento lleva de esta manera el trabajo del teólogo a su centro, es decir, a la revelación del espíritu de Cristo y a la vida según el mismo, a su valor teológico.

Afirmamos esto en razón de que la contribución de nuestro modo de proceder, al hablar en términos concretos de la vida en o según el Espíritu en lugar del abstracto "vida espiritual", ayuda a obtener una precisión y eficiencia intelectual en un dominio donde la fluidez del término "espiritual" puede hacer caer en abstracciones, subjetividades o rarezas extravagantes.

Por su parte, los medios pautados por Ignacio para esta "radiografía" cumplen el rol fundamental de estimular y enriquecer el diálogo ecuménico, intercultural e interreligioso al integrar experiencias humanas en búsqueda de la verdad e impedir al mismo tiempo que la misma se eternice, por cuanto discernir implica finalmente tomar decisiones y no dilatarlas indefinidamente en el tiempo. No procuran las pautas, por consiguiente, un mero conocimiento intelectual, ni sólo hablar de la luz que es Dios, sino ayudar a descubrirla para decidirnos por ella.

Asimismo las pautas brindan un conocimiento objetivo, como ocurre por ejemplo, al ver esta página que leo, en la que diferencio el blanco del papel y el negro de la tinta, y mañana no será al revés porque subjetivamente se me ocurra que la página es negra y la letra blanca. A este discernir se suele argumentar que las cosas no son tan así, sino que son grises. Ahora bien, el gris es la resultante de la "confusión" de blanco y negro y suponemos que el lector prefiere no vivir confundido, sino liberado de la misma gracias al discernimiento.

En cuanto al rol de la razón, ciertamente interviene en el discernimiento, pero iluminada por la gracia, como potencia activa del hombre. Ella capacita para identificar los engaños de lo sensible como de lo imaginario. Era por ello, la facultad situada globalmente por los contemporáneos de Ignacio como intermediario entre imaginación e intelecto.

De lo dicho hasta aquí concluimos esta segunda parte diciendo, que la clave diacrítica del discernimiento y los medios "radiográficos" proporcionados por las pautas ignacianas a nuestro modo creyente de proceder para descubrir la acción de Dios, nos hacen pasar de lo ya conocido a otro modo de conocer, gracias al don y ejercicio de la sabiduría en el Espíritu que ellas implican, y que al iluminar el alma, la levanta por encima de la razón natural y ve lo que antes no apreciaba.

TERCERA PARTE: UN MODO DE COMPROMETERNOS

1. DESCUBRIR LA ACCIÓN DIVINA ES COMPROMETERNOS CON ELLA

El descubrimiento de la acción divina nos compromete en la cooperación de su plan salvífico discernido a cada paso, hacia un mundo mejor y en fidelidad a su alianza, sin sacralizar el mundo, ni evadirnos de él, ni de la historia.

Este es el desafío que nos presenta y ayuda a superar las tentaciones de repliegue y encierro que tienden a convertir la teología junto con la Iglesia en un museo, puesto que, por el contrario, estamos no sólo invitados por la fuerza del Espíritu a salir a los demás, sino como dice Ratzinger, a realizar *"la posibilidad de una teología creativa... tanto mayor, cuanto más la fe se convierte realmente en experiencia"*[25]. Para ello es preciso estar atentos y descifrar lo que Dios nos propone en cada momento de la vida y de la historia para un seguimiento más cercano, en el cual nos muestra que lo que quiere lo hace, por sus caminos que no son los nuestros[26] y nos llama en el presente a asumirlos con todo realismo.

Este compromiso con la acción divina subraya, por un lado, la importancia que tiene lo vivido, en contraposición al carácter objetivo de un conocimiento racional, pero separado de la vida. Y por otro lado, encierra por esto mismo, una de las cuestiones más profundamente humanas, como es el deseo de un crecimiento y madurez de la vida en el Espíritu.

Este compromiso implica no sólo el descubrimiento de las señales del accionar referible a Dios, con ayuda de las pautas ignacianas, sino también, asumir la intencionalidad de pasar nosotros a la acción, en la medida de nuestra disponibilidad, libertad interior o preferencia por él.

Estos compromisos son múltiples, y en cierta manera cada uno de ellos singular, en el sentido que están ligados al misterio del itinerario personal de cada uno y al grado

---

[25] J. Ratzinger, *o. c.,* 64.

[26] Como son por ejemplo, los caminos de concreción del ecumenismo en la mezcla actual de la sangre de mártires católicos y protestantes en Irán por el hecho de ser cristianos; o la fusión comunitaria de congregaciones religiosas, como es el caso del Verbo Encarnado y las Benedictinas en Valkenburg, Holanda.

de relación personal con Dios, que comienza en un encuentro íntimo con él. Es por esto que la experiencia del descubrimiento de señales referibles a Dios, interioriza las verdades de la fe, despierta su deseo, sostiene y alimenta la fidelidad y hace gustar y saborear a Dios. Pero al mismo tiempo, la experiencia, como una especie de regusto personal, no es el fin propio de la vida cristiana, sino Dios que la trasciende y nunca se agota, porque no lo podemos alcanzar directamente en sí mismo, sino sólo por medio de señales referidas a él, motivo por el que sólo hablamos del descubrimiento de su acción a través de dichas señales, como así también, sólo hablamos de un modesto modo teológico de proceder, no de un tratado.

2. DE CERTEAU, VELASCO Y G. DE CARDEDAL INTERROGAN

En 1969, el jesuita Michel de Certeau (1925-1986) planteó implícitamente la siguiente cuestión, a poco de finalizado el Concilio Vaticano II: *¿es posible al discurso cristiano expresarse en el lenguaje del hombre, ese que evita un cisma entre las formas de la conciencia moderna y el lenguaje sociocultural de la fe?*[27] A esto respondemos diciendo que sí es posible, gracias al lenguaje existencial y no teórico contenido en las pautas ignacianas para discernir, en las que se encarna la conciencia humana con el lenguaje de la fe, y evitan de esta manera, el cisma entre ambas.

A su vez, en 1973 - no por casualidad el mismo año en que el teólogo canadiense Bernard Lonergan propiciaba un *"giro hacia la interioridad"*[28] - Michel de Certeau volvió a preguntarse desde la confusión característica de nuestra época y del sano sacudón producido por el Concilio Vaticano II: *"¿en qué consiste la experiencia creyente?"*[29]. A ello respondemos diciendo que consiste en el ejercicio de la sabiduría en el Espíritu, que es el discernimiento, antídoto de dicha confusión y clarificador esencial del momento histórico. En otras palabras, "la experiencia creyente", se da cuando, tras un giro hacia la interioridad, tomamos conciencia de la realidad conflictiva de la vida en el Espíritu, cuyo ritmo interior alterna señales referibles a Dios y a nuestro adversario[30]. El descubrimiento de la acción divina se da, por tanto, mediante la contraposición de ambas señales, desde la experiencia creyente íntegra y madura de la vida en el Espíritu.

---

[27] Cf. M. de Certeau, *El extranjero o la unión en la diferencia*. Ágape Libros, Buenos Aires, 2015, 219.

[28] B. Lonergan, *Método en teología*, Sígueme, Salamanca, 1994, 269.

[29] Michel de Certeau – Jean-Marie Domenach, *El estallido del cristianismo*, Editorial Sudamericana, Buenos Aires, 1976, 13.

[30] Cf. H. U. von Balthasar, *Gloria, vol. I: La percepción de la forma*, Encuentro, Madrid, 1985, 209.

Acerca del *"giro hacia la interioridad"* propiciado por Lonergan, deseamos explicitarlo, porque abre a la teología la posibilidad, como afirma el autor, de *"abandonar la base que había encontrado en la teoría y a ponerla en la interioridad"*, y *"gracias a esta transición, la teología puede elaborar un método"[31]*, al que nosotros preferimos llamar un marco o modo teológico de proceder hacia una teología diacrítica desde la experiencia, y no desde la teoría de la vida en el Espíritu.

Por su parte, los teólogos Velasco y González de Cardedal en la década de 1990 interrogaban acerca de la posibilidad de darle una forma a la experiencia, y si existe la posibilidad de encontrar hoy vivo a Jesús de Nazaret, respectivamente.

Juan Martín Velasco por su parte, lo hace en la situación generalizada de ausencia de Dios cultural y social y pregunta lo siguiente:

¿Será posible dar con una forma de experiencia de Dios, enraizada en la tierra aparentemente tan poco propicia de nuestro tiempo, alimentada de su misma sustancia, que responda a las preguntas, preocupaciones y necesidades que comporta?[32]

Sí, es posible dar forma a la experiencia de Dios gracias al descubrimiento de su acción en señales referibles a él mediante el discernimiento de espíritus, antídoto de la confusión que caracteriza nuestro tiempo, y respuesta a las preocupaciones y necesidades que este comporta, además de propiciar una oportunidad no sólo para madurar en la vida según el Espíritu, sino también para abrir un campo a la reflexión teológica.

Por su parte, preguntó González de Cardedal en los mismos años acerca de la factibilidad de encontrar vivo a Jesús de Nazaret:

¿Existe la posibilidad de encontrarle hoy vivo, y encontrándonos con él percibirle como vivificador, y reconocer cada uno de nosotros en él la luz que torna luminoso nuestro destino, la vida que transformando el presente nos abre al futuro y nos permite estar con libertad generosa y con alegre disponibilidad en el mundo?[33]

---

[31] B. Lonergan, o. c., 269.

[32] J. M. Velasco, *La experiencia cristiana de Dios*, Editorial Trotta, Madrid, 1997, 10.

[33] O. González de Cardedal, *Jesús de Nazaret. Aproximación a la cristología*, Madrid, 1993, XIX.

La posibilidad de encontrar, percibir y reconocer hoy vivo a Jesús existe, mediante el descubrimiento de la acción divina por el ejercicio de la sabiduría en el Espíritu que es el discernimiento. Este descubrimiento es por ello, existencial y fenomenológico y permite hacer su "identikit" mediante señales referibles a él. Además conviene recordar que esto es posible gracias a que *"el hombre es capacidad receptiva para la fe, de otra manera esta sería una superestructura extraña y sin interés para el hombre"*[34]. En otras palabras, esta capacidad no sobreañadida sino receptiva del ser humano es la que hace posible descubrir las señales de la acción de Dios vivo.

Ahora bien, ¿qué revelan en el fondo las preguntas de Michel de Certeau, Velasco y González de Cardedal acerca de la posibilidad o no, de descubrir la acción de Dios? Revelan, que lo que está en crisis no es la teología, sino el modo histórico de proceder, que la bloquea para salir de un modo de hacer que da la impresión de haber tocado techo a fines del siglo XX.

En este sentido, las pautas ignacianas como instrumento, no sólo nos permiten encarar la confusa realidad de nuestra época, sino también, encontrar una fuente de inspiración para un modo teológico de proceder en orden a *"renovar las propias metodologías para un servicio más eficaz a la evangelización"*[35], como propugnaba Juan Pablo II. Para ello hay que tener presente que en Ignacio este modo de proceder inspirado en sus pautas, *"se descubre"*, como dice Berdiaev, *"en la experiencia espiritual del hombre, y no en la especulación teológica"*[36]. En otras palabras, se descubre en la experiencia discernida de la vida en el Espíritu.

Por ello precisamente, estamos embarcados en este modo de proceder que, como pide el teólogo Jesús Espeja Pardo, ha de ser *"conforme a unas claves"*, como es en nuestro caso el discernimiento. Y conforme a *"alguna disciplina para leer los signos del mundo actual"* [37], como son las pautas ignacianas, gracias a las que podemos leer las señales referibles a la acción del Señor de la historia en las mociones internas del espíritu humano y en los signos de los tiempos. Esta es nuestra tesis y nuestro desafío.

---

[34] Pié i Ninot, *La teología fundamental, "Dar razón de la esperanza" (1 Pe 3,15)*. Salamanca, 2002, 112.

[35] Juan Pablo II, *Fides et Ratio*, 92.

[36] Nicola Berdiaev, *Essai d'autobiographie spirituelle*, Buchet/Chastel, Paris, 1992, 262.

[37] J. Espeja Pardo, *Para comprender mejor la fe. Una introducción a la teología*. Editorial San Esteban, Salamanca-Madrid, 2005, 148.

3. DESARROLLAR LA CAPACIDAD DE DESCUBRIR SU ACCIÓN

Hay teólogos que no se dan cuenta de que no es cuestión de demostrar la existencia de la Luz, sino de que hay ciegos que no saben que sus ojos podrían ver… Sería necesario desarrollar en el hombre el arte de ver.

Carl Jung

Creemos con Carl Jung en efecto, que es necesario ayudar sobre todo a descubrir *dónde está Luz* y saber dar razón de ella, más que demostrar su existencia o hablar de ella. Para esto, es preciso discernir las señales que refieren a su acción, como es, por ejemplo, la confortación o consolación, según nos la describe Ignacio en los números 314,3; 315,3 y 316 de los Ejercicios, contrapuesta a la desolación en el espíritu.

Es por estas señales que podemos hablar de ciertas personas como "lugares teológicos", pues en ellas el conocer se da por experiencia del contraste de ambas. Este tipo de conocimiento a su vez, hace posible una teología *desde* la experiencia de la vida en el Espíritu, presente no sólo en todo creyente, sino también, en todo aquel que ha entrado en sí mismo y se ha percatado de ella.

Es la captación y valoración de esta experiencia la que hace posible el descubrimiento de la acción de Dios. Todo depende del cultivo que hagamos en nosotros de una zona de silencio y de pausas interiores para captarla. Esto desafía la idea de que Dios sólo puede ser encontrado en el silencio de una celda monástica o en una ermita del desierto, y no también de manera profunda y gozosa en medio de la vida activa.

De lo dicho, aparece clara la diferencia entre la "experiencia mística" de Dios en sí mismo y la experiencia de su acción por medio de la atención puesta en señales referidas a él, mediante el discernimiento en medio de la batahola de la vida activa. Esta atención y experiencia es además necesaria si queremos salvar el mundo interior y liberarnos de la confusión mediante el discernimiento de lo que pasa por el alma, por el mundo y por la Iglesia, como así también, si deseamos elaborar una reflexión teológica que no sólo pueda ayudar al hombre contemporáneo a ser libre y no esclavo de la confusión, sino también a promover puentes para un diálogo ecuménico.

Necesitamos en efecto, de quienes nos hablen desde su experiencia, desde su reflexión y relación personal con Dios y no sólo desde un saber intelectual, ese que a veces convierte las homilías en lo que no deben ser. En otras palabras, necesitamos a quienes escuchen para poder ser escuchados y encuentren a Dios en su propio y permanente proceso de conversión, ayudando a ver dónde está la Luz, más que decir qué es. Tal vez así nos aproximemos a un lenguaje en el que pueda recibir el pueblo fiel de Dios lo que busca y espera, mediante un lenguaje vigente y no por esto menos teológico.

4. ALGUNOS TESTIMONIOS PARA CORROBORAR LO DICHO

Confirmemos lo dicho hasta aquí con algunos ejemplos. En primer lugar con uno tomado de la *Autobiografía* de san Ignacio de Loyola. En él vemos cómo el descubrimiento de la acción divina fue desde la experiencia personal mediante el don del discernimiento de espíritus. Tal lo acontecido en la iluminación que tuvo en el río Cardoner de Manresa, donde adquirió una plena capacidad para realizarlo, a tal punto que dice su secretario Polanco: *"le parecía penetrar con unos nuevos ojos del espíritu todas las cosas divinas y humanas"*. Esta profunda experiencia fue clave en su propio itinerario de la vida en el Espíritu, y el medio por el que se le *"abrieron los ojos"*[38] para descubrir la acción de Dios, al diferenciar los efectos positivos concretos que dejaban unos pensamientos en contraste con otros, los que son de Dios y los que no, al mismo tiempo que el discernimiento se convirtió a partir de esta experiencia, en la brújula de su navegación interior y la manera de liberarse de confusiones.

De la misma manera, san Pedro Fabro en su *Memorial,* donde reconoce en el número 12, la ayuda del Señor en el don o carisma de la diácrisis, discernimiento, o discreción de espíritus, gracias al que descubrió su acción y no permitió que cayera en confusiones, puesto que *"nunca permitió el Señor que me engañara en el juzgar y discernir los malos espíritus y en el sentir las cosas propias o las divinas o las del prójimo"*. Esto constituyó otro conocimiento de Dios y otra experiencia de su acción que la mística, al alcance de la vida activa.

Igualmente en el *Memorial* (30), cuando recuerda en tercera persona y nota la acción de Dios al reconocer *"cómo nuestro Señor te ha sacado de tantas perturbaciones de espíritu y angustias, de tantas tentaciones que tu tenías sobre tus*

---

[38] Ignacio de Loyola, *Autobiografía* 8.

defectos", con ayuda, por una parte, del examen de la vida en el Espíritu sobre lo que pasaba actualmente por su alma y sus causas, no por un examen de conciencia moral sobre hechos consumados. Por otra parte, con ayuda de las pautas ignacianas para discernir, que lo confortaron y permitieron descubrir la acción divina en lo contrario a las tentaciones en forma de tristeza, de temor, de desánimo y de apego a cosas que aquejaban su espíritu.

El descubrimiento de la acción de Dios en Fabro fue, por tanto, logrado gracias a la atención puesta fundamentalmente en el contraste y alternancia de consolaciones y desolaciones en el espíritu. Es así cómo el discernimiento lo condujo a una experiencia más existencial que especulativa. Esto nos hace ver de paso, cómo en aquellos tiempos el interés en teología se desplazó de la especulación a la experiencia y descubrió otra dimensión de la misma, profundamente teológica y fecunda[39].

Otro ejemplo elocuente considerado más arriba, pero al que volvemos por su riqueza, nos lo da Pedro Fabro también en el Memorial (302) quien, sin nombrar a Dios, nos descubre su acción. Se refiere a personas que: *"por santos que sean"*, si los indujeres a examinarse, *"en algún grado de vida y conducta más perfecta, dentro de su estado si es mutable, o en otro estado más perfecto"*, es entonces que, *"fácilmente se echarán de ver"*, es decir, se descubrirán la acción referida a Dios y a no-Dios, o sea: *"el uno y el otro espíritu, es a saber: el que da fortaleza y el que debilita, el que ilumina y el que ofusca, el que justifica y el que mancha, es decir, el bueno y el contrario del bueno"*, donde *"el buen espíritu"*, referible a Dios, se descubre en la acción de dar: *"fortaleza"*, *"luz"* y *"justificación"*, y más claramente se observa por contraste con *"la debilidad"*, *"el ofuscamiento"* y *"la culpa"*, referibles al *"contrario del bueno"*[40].

Por otra parte, el silencio de las pautas sobre la cuestión teórica del conocimiento de Dios se debe a que es en la experiencia y no en la teoría que se hace realmente posible el acceso a este otro modo de conocer. Experiencia que Ignacio invita a desarrollar desde la vida en el Espíritu con la que abrió, sin pretenderlo, ni ser doctor de la Iglesia, un campo nuevo a la teología.

---

[39] Sirva como ejemplo las siguientes palabras de un teólogo jesuita del siglo XVII: *"Sólo se sabe perfectamente aquello que la experiencia ha enseñado... el haberlo experimentado en carne propia... la sal de la experiencia... para ser docto en la teología... práctica y experimental"*. J. P. de Caussade sj, *Tratado del santo abandono a la Providencia divina*, Apostolado de la Oración, Buenos Aires, 1983, 49-50.

[40] Cf. G. Randle, *Geografía espiritual, de dos compañeros de Ignacio de Loyola*. Desclée De Brouwer, Bilbao, 2001.

Santa Teresa de Jesús por su parte, nos dice que Dios se manifiesta *"no como una presencia... que se siente muchas veces"*, sino sobre todo *"por los efectos que hace al alma"*, o sea, por la experiencia de su acción, modo por el que *"quiere su Majestad darse a sentir"*[41], o experimentar en los efectos, de una manera objetiva y concreta.

De este Dios indemostrable por hiper-real, también dan razón de su acción, entre otros, Carlos de Foucauld quien por su parte se preguntaba:

¿Por qué descubrimientos, Dios de bondad, te hiciste conocer de mí? ¡De qué rodeos te serviste! ¡De qué suaves y fuertes medios exteriores! ¡Por qué serie de circunstancias maravillosas, en que todo se juntó para empujarme hacia vos... ¡Y qué gracias interiores!... Todo esto, Dios mío, era obra tuya, obra exclusivamente tuya.

El modo de conocer a Dios fue por medio del descubrimiento de manifestaciones de su acción en circunstancias exteriores y gracias interiores reveladoras de su modo de obrar y no por pensar en él. A esto agregó el discernimiento que realizó entre su propia realidad personal en contraste con la belleza de alma de su prima Marie de Bondy y cómo Dios se dio a conocer por su medio, quien a pesar de no haberle dicho nunca nada durante su proceso de conversión, influyó sin embargo en él[42]: *"Vos me habías atraído a la virtud, por la belleza de un alma, cuya virtud me había parecido tan bella que arrebató irrevocablemente mi corazón... Vos me atrajiste a la verdad por la belleza de esta misma alma"*. O sea, atraído por la obra de la acción divina en ella.

Otra experiencia, en este caso de John Henry Newman, narrada en la *Apología pro vita sua*, es la siguiente:

Cuando era un muchacho de quince años y vivía una vida de pecado, con la conciencia muy negra y el espíritu muy profano, Él misericordiosamente tocó mi corazón, y, con innumerables pecados, aun no lo he olvidado a Él más desde aquella época, ni Él a mí... El instrumento humano de este comienzo de fe divina en mí fue el excelente varón, muerto tiempo ha, reverendo Walter Mayers, de Pembroke College, Oxford[43].

---

[41] S. Teresa de Jesús, *Libro de la Vida*, c. 27,4.

[42] Cf. G. Randle, *Interioridad de Carlos de Foucauld. Desde el discernimiento de espíritus. Una fenomenología teológica*. Publicaciones Claretianas. Madrid. 1995.

[43] Cf. G. Randle, *La lucha espiritual en John Henry Newman*, Desclée de Brouwer, Bilbao, 2000.

Descubre Newman la acción de Dios, a pesar de vivir una vida de pecado, al ser tocado por su acción misericordiosa, jamás olvidada y manifestada, no directamente al modo místico, sino por medio de la acción de un *"instrumento humano"*, el reverendo Walter Mayers.

Otro testimonio es la experiencia de Pieter van der Meer de Walcheren, quien se preguntaba a comienzos del siglo XX: *"¿Qué es Dios en realidad para mí? Una palabra, una palabra vacía, un sonido fofo [44]que no contiene la más mínima realidad"*. Lo que ocurría es que al no haber entrado aun en sí mismo, no había descubierto que todas las cosas que en su vida ordinaria hasta ese momento lo habían ayudado y hecho bien, a veces a pesar suyo, eran huellas de la acción de Dios. Su pregunta, sin embargo, lo movió a descubrir a Dios por el sentido de sus anhelos, de su nostalgia, de sus preguntas y de su búsqueda. Fue cuando se detuvo y reflexionó de la siguiente manera:

Pero vamos a ver: ¿Quién, desde dónde se infunden en nosotros los anhelos por lo más excelso, esa nostalgia infinita?... ¿Quién o qué ha puesto en nuestro espíritu esas eternas preguntas y el acuciante afán de hallar una contestación?... ¿De dónde la incesante búsqueda espiritual de una solución que nos de la paz?

Fue en efecto, por el sentido de dichos sentimientos que descubrió la acción de Dios, puesto que le infundían hacia delante un afán de hallar una contestación que lo iluminase y una solución que lo ayudase, no sólo a salir de la confusión, sino que por ende, le diese paz interior.

La respuesta a estos interrogantes se hallaba por tanto, en el discernimiento del sentido de las cosas obradas en él o adónde lo conducían, no en cambio en la pregunta por el origen o de dónde venían. Así es cómo pudo descubrir la acción de Dios que lo movilizaba interiormente, y estaba implícito y claro en los anhelos que lo movían hacia lo más excelso, hacia esa nostalgia de lo infinito, a las eternas preguntas, a esa búsqueda incesante de la paz interior, y mediante estas experiencias, sin pensar en él, ni nombrarlo, Dios se perfilaba sin embargo en su interior[45].

Por último hacemos mención de la experiencia vivida por el filósofo Manuel García Morente, un 29 de Abril de 1937 en Paris a los cincuenta y un años de edad,

---

[45] Cf. G. Randle, *Pieter van der Meer de Walcheren (1880-1970). De la desarmonía interior a la unidad en sí mismo (1907-1911)*. (Inédito).

en la que tuvo conciencia de haber padecido en un momento privilegiado la *"acción inconfundible"* de Dios en su reencuentro con la fe. He aquí en su *Memorial,* el relato definitivo de ese instante que cambió por completo la vida de García Morente: *"No me cabe la menor duda que esta especie de visión* (de Cristo) *no fue sino producto de la fantasía excitada por la dulce y penetrante música de Berlioz, pero tuvo un efecto fulminante en mi alma: Ese es Dios, ese es el verdadero Dios, Dios vivo, esa es la Providencia viva, me dije a mí mismo".*

No importa saber si fue *"una especie de visión... producto de la fantasía"* lo experimentado en el velo de la fe, sino saber cuál fue el sentido y efecto final de la misma, en el que percibió la acción divina como *"un efecto fulminante en mi alma",* esto quiere decir, un efecto que no por explosivo, dejó sin embargo de ser un efecto duradero y religiosamente eficaz sobre su vida. Además, con el inconfundible sello del buen espíritu referible a Dios, cuando termina diciendo que *"Una inmensa paz se había adueñado de mi alma...".* Palabras que nos remiten a san Ignacio cuando al describir los efectos de la acción del buen espíritu en el alma, dice que es: *"aquietándola y pacificándola en su Creador y Señor"* (EE 316,4). Siguen a continuación una serie de interesantes consideraciones sobre la transformación que se operó en su interior, confirmando la acción divina, y cómo ésta aclaró problemas que antes le parecían insolubles.

Antes de pasar a la cuarta parte, mencionamos brevemente la experiencia del santo rey David (2 Sam 11 y 12), quien descubrió la acción misericordiosa de Dios al reconocer y decir:*"He pecado contra Dios"* (2 Sam 12,13), o sea, al reconocer en la verdad su condición humana y pecadora, hasta ese momento ignorada para él mismo, con lo que salvó su integridad y pudo encarnarse en él la vida en el Espíritu como algo necesario y vital, que luego volcó en sus Salmos.

CUARTA PARTE: UN MODO DE MADURAR EN EL ESPÍRITU

1. UN MODO CREYENTE Y MADURO DE PROCEDER

Es verdad que hubo un entusiasta período teológico inmediato posterior al Concilio Vaticano II, al que sucedieron luego años de un gran pluralismo, hasta llegar sin embargo la teología, a estar en estado de exilio. Pero a medida que nos adentramos en el siglo XXI experimentamos una lenta salida del mismo a través de una tarea del teólogo como descubridor de la acción de Dios a partir de la experiencia de la vida en el Espíritu, en el ámbito de un tácito llamado a una mayor relación personal con Dios. O sea, no como profesional y menos aun como "funcionario de la verdad". Esto implica una re evangelización o re inmersión del teólogo en el espíritu de Cristo y del Evangelio. Por este motivo nuestro intento tiene una significación teológica y pastoral, que llama a descubrir en el momento histórico en que vivimos, la acción de Dios, si no queremos condenarnos a una repetición mortífera.

Es así cómo creemos, por un lado, que se debe responder a la problemática actual, en medio de nuestra época caracterizada por la confusión, y por otro lado, cómo orientarnos mediante su antítesis, el discernimiento, para ser libres de la misma. Es por su medio - como exhorta *Kierkegaard* en su *Post-scriptum* – que podemos dedicarnos entonces a *"la profundización en la existencia"*, o sea, al destino divino del género humano, y a *"la cuestión de Dios y sus andaduras secretas en la existencia"*, más que a las *"perspectivas histórico-mundiales"*, que sólo son finalmente, un reflejo de lo que en el fondo nos pasa y revelan la ausencia del parámetro de la Verdad Primera.

Un paso hacia esta profundización en la existencia lo dio en nuestro tiempo Bernard Lonergan, quien hacia fines del siglo XX habló del *"giro hacia la interioridad"*[46], en otras palabras, hacia la experiencia de la vida en el Espíritu, y de esta manera abandonó la base que la teología había encontrado en la teoría. Este giro nos abre no sólo la posibilidad de elaborar otro modo de hacer teología, sino también, por medio del mismo, descubrir la acción de Dios. Se trata, por tanto, de una interiorización que lleva a una proyección productiva y creativa, no a un repliegue infecundo.

---

[46] B. Lonergan, o.c. También lo hizo anteriormente, en 1969 H. U. von Balthasar cuando habló de un *"retorno al centro"*, es decir, a Cristo. Cf. *Retour au centre*, Desclée de Brouwer, 1998.

Este descubrimiento se logra, por tanto, mediante dicho *"giro hacia la interioridad"*, más el discernimiento de lo que pasa por la misma, el cual desemboca finalmente en tomas de decisión. Este es el motivo además, por el que hablamos de un modo de proceder, no de un tratado. Estos tres pasos se relacionan entre sí y podemos explicitarlos de esta manera:

1. *Tomar conciencia de lo que pasa por el alma* (Lc 15,17 y EE 313,1), o entrar dentro de sí mediante un *giro hacia la interioridad,* para captar en ella mociones interiores contrapuestas.

2. *Discernir o diferenciar dichas mociones internas* (Lc 15,17), sobre todo por su sentido, con relación al parámetro del espíritu de Cristo y del Evangelio.

3. *Tomar decisiones* o aspecto efectivo de la sabiduría "práctica" que es el discernimiento (Lc 15,18 y EE 313,2).

Este modo de proceder ayuda no sólo al crecimiento y madurez en la vida de fe como decisión por Cristo y a efectivizarla en hechos, sino también a abrir un campo a la reflexión teológica y al diálogo ecuménico, en el sentido de que la triple experiencia de deliberar, elegir y decidir, compete también al no creyente, por cuanto todos vivimos tomando decisiones de mayor o menor importancia, tal vez con relación a diversos parámetros, pero donde sin embargo lo importante es percibir cuál es el sentido o hacia dónde nos conducen nuestros pensamientos, en qué terminan, cómo nos dejan, o en qué contradicen la propia conciencia, para finalmente tomar una decisión por lo que nos ayuda, hace bien y es coherente con la misma, en la que él finalmente se hace encontradizo para el que lo busca, tal vez sin saberlo.

2. LO QUE SUPONE E ILUMINA LA VIDA EN EL ESPÍRITU

Porque el interés de nuestro modo de proceder va dirigido al descubrimiento de la acción divina desde la experiencia y no a posiciones atareadas en demostraciones racionales, hemos buscado, por un lado, mostrar desde la experiencia existencial y diacrítica, la acción de Dios encarnada en todo lo que nos ayuda, hace bien y no contradice nuestra conciencia. Por otro lado, hemos buscado mostrar a Dios como quien acaece, como quien nos alcanza cada vez de nuevo, y puede ser descubierto en señales que lo identifican por su sentido o por los efectos positivos concretos en la vida, no como un "objeto" que pueda ser descrito.

Es entonces cuando el modo de proceder abre posibilidades vivibles al cristianismo, al ir en seguimiento del Dios vivo, y de encarnación a la teología en las experiencias personales, del mundo y de la Iglesia. En ellas, Dios es el parámetro para discernir en un imparable círculo hermenéutico, donde, si bien la experiencia de la vida en el Espíritu supone la presencia de la razón, la moral y la psicología, al mismo tiempo las trasciende y va más al fondo, por cuanto el ejercicio de la sabiduría en el Espíritu que es el discernimiento, levanta por encima de aquellas para ver lo que antes no apreciábamos.

Para aclarar más la cuestión traemos a colación tres ejemplos. El primero, es una frase de John Henry Newman que se refiere, a mediados del siglo XIX en Inglaterra, a quienes afirmaban que *"ser cristiano es tener razón"*, donde se ve claramente que obviaban la luz del Espíritu. El segundo, es el caso del monje agustino Martín Lutero en el siglo XVI, quien tenía razón en algunos argumentos planteados por él con respecto a la Iglesia, pero esto no quitó el mal espíritu que lo movía, patente en la división que aquellos provocaron en el rebaño único de Cristo. Tener razón no alcanza, por tanto, para ser un cristiano maduro, sino discernir mediante el ejercicio de la sabiduría qué espíritu la inspira, o sea, mediante la razón iluminada por la gracia. El tercer ejemplo, es el de san Pablo en su primera carta a los cristianos de Corinto 14,20: *"No sean niños en juicio. Sean niños en malicia, pero hombres maduros en el juicio"*. O sea, maduros en el discernimiento, al detectar por el sentido, qué espíritu inspira los juicios o argumentos de razón.

En cuanto al punto de vista moral, este es iluminado por el del Espíritu, porque aquél no alcanza para ser espiritualmente maduros y deseosos de un seguimiento más cercano de Cristo. Esto quiere decir que tener en cuenta sólo la básica diferencia entre lo bueno y lo malo tampoco, sino discernir *qué es mejor en concreto* entre dos cosas buenas, y en ella sí descubrir lo que es de Dios.

Tal como Jesús ayudó a descubrir la vida en el Espíritu al hombre rico del evangelio (Lc 18,18-23), quien dijo a Jesús haber guardado los mandamientos desde su juventud, o sea, que desde el punto de vista moral estaba todo en orden, pero no desde la vida según el Espíritu, donde siempre estamos en deuda. Esto quedó al descubierto al ir Jesús más allá, mediante su ley de la caridad, al agregar: *"sin embargo todavía te falta algo"*, o sea, haciéndolo pasar a lo que es realmente bueno o mejor como era seguir su consejo, y más allá de lo simplemente bueno, como fue la pregunta hecha a Jesús, y de lo aparentemente bueno, como era de hecho su cumplimiento de los mandamientos. Fue así cómo Jesús rompió la barrera de la norma legislada e hizo brillar su ley de la caridad, puesta en el valor infinito de la persona y de su destino eterno, dentro del horizonte abierto por la Buena Nueva como estilo de vida.

En otras palabras, la vida según el Espíritu supone la razón y la moral, pero iluminadas con su luz. A su vez la psicología es trascendida por la vida en el Espíritu, en el sentido que para llegar al fondo de un problema, hemos de considerarlo - sin negar los otros niveles de realidad de la persona humana – en el nivel más profundo del espíritu.

Como, por ejemplo, acontece en la persona que tiene un miedo constatado a nivel psicológico, el que le hace mal, y dado que el mal no es de Dios, al rechazarlo supera el problema a nivel psicológico y del espíritu. De lo contrario, seguiría dando vueltas sobre lo psicológico, sin dar con el fondo del problema. La vida en el Espíritu supone entonces la psíquica y aun la somática, pero ahí no se agota la realidad total de la persona humana, sino que hay un nivel más profundo, desde el que descubrimos la raíz del problema, y la acción de Dios en la luz para descubrirlo y rechazarlo. De lo dicho se deduce fácilmente, cuánta gente queda bloqueada en su realización personal, por no pasar más allá del plano psicológico. Más aun, por creer haber llegado al más profundo nivel de realidad de la persona humana. Una muestra más de la confusión y superficialidad característica de nuestra época.

3. LA ACEPTACIÓN EXISTENCIAL COMO PUNTO DE PARTIDA

Descubrir la acción de Dios desde la experiencia de la vida en el Espíritu hace preciso partir desde la verdad, o sea, desde la aceptación existencial de nosotros mismos, es decir, de nuestra condición humana y pecadora, abandonando máscaras de poder que han dejado de ser. Esto quiere decir, que debemos partir desde una reflexión abierta al misterio insondable de cada uno y de Dios.

Es fácil comprender por esto, que una teología científica, abstraída en tecnicismos teológicos, sin preocuparse de los hechos a nivel personal, social y eclesial no convence, porque estos constituyen nuestra historia. Más aún, metidos en ella descubrimos al mismo Dios en cada hombre sufriente de nuestros días, siempre que, sin miedo a la verdad, nos adentremos en la batahola para descubrirlo. Este es el terreno en que sentimos que debemos comprometernos. En otras palabras, en el descubrimiento de Dios vivo mediante una relectura del cristianismo para la actualidad, es decir, una hermenéutica constante del núcleo originario del Evangelio, que muestre dónde se revela en los momentos históricos que provocan su potencial credibilidad.

En este sentido, el cristianismo en su esencia, es un movimiento estructuralmente adecuado a los tiempos, que interpreta constantemente el pasado, pero modifica y transforma el presente, mientras que la modernidad al no atreverse a poner en práctica la expulsión de la metafísica por la fenomenología, bloqueó en ciertos aspectos el mecanismo interpretativo del cristianismo y también de la teología como modo diacrítico y existencial de proceder. La posmodernidad en cambio, puso en marcha una lógica distinta de la comprensión mediante la hermenéutica y la fenomenología en su búsqueda de sentido y de verdad.

Apoyados en ella, en nuestro modo de proceder la hermenéutica orientada por el discernimiento de espíritus ignaciano, abre el hacer teológico a la fenomenología y lleva al cristianismo a comprenderse como una experiencia religiosa dinámica, que históricamente construye su proyecto de vida y su manera de hacer teología. Desde este punto de vista es obvio que optamos por un cristianismo que, con la lógica de una intuición moderna, sepa estar a la altura de los tiempos. Más aun, no puede volver atrás porque sería cerrarse por miedo al choque con la historia, al diálogo con ella. Esto ocurre porque la naturaleza del cristianismo es dinámica, y en ella radica la vitalidad de nuestro modo teológico de proceder y la posibilidad del descubrimiento de la acción de Dios, en lugar de la repetición de tesis. Por esto nuestro modo de proceder confirma que la misma experiencia religiosa está al servicio del hombre y resulta ser un modo capaz de incidir en el hacer teológico.

En este sentido, nuestro proceder desde la experiencia creemos que vale, no sólo porque nos permite captar señales de la acción divina mediante un discernimiento atento y una lectura profética de los signos salvíficos que atraviesan nuestro tiempo, sino porque estos a su vez, nos enfrentan a deliberaciones y opciones que producen un efecto modificador de la mirada sobre la realidad y de compromiso con ella. De no darse este efecto, estaríamos delante de un modo de proceder bloqueado e improductivo.

Este clima deliberativo, propio de nuestra condición humana, ofrece un modo diferente de hablar acerca de Dios, un aire fresco para la fe vivida y una reflexión teológica que procura pensarla de manera existencial y diacrítica. Pero al mismo tiempo, obliga a la aceptación de uno mismo y a una rigurosa auto comprensión de nuestra condición, que haga posible la encarnación de la fe en un Dios que se muestra, no como conclusión de un razonamiento, sino encarnado en la historia.

La respuesta del hombre a Dios revelado de esta manera, es entonces una opción que transforma la experiencia religiosa, y compromete en la fe, porque conduce por un camino inédito, libre y arriesgado, a un Dios que adviene y se hizo hombre en Jesucristo. Más aún, el hombre de hoy se siente llamado a esta opción, desde la aceptación de su condición existencial y de una vida de fe que desea crecer y madurar en salida hacia Dios y los demás.

4. LA ACCIÓN DIVINA, SEÑAL DE SU PRESENCIA

El ejercicio de la sabiduría que es el discernimiento es señal de madurez personal en el Espíritu, como dice san Pablo, y nos lo recalca en efecto Manuel Ruiz Jurado.

Es así como va madurando en el hombre la imagen de Cristo que el Espíritu quiere lograr en él, lo que llamamos su vocación personal, su madurez cristiana. Precisamente por ese hábito creado, suscitado sobrenaturalmente en la persona humana, crece su luminosidad y habilidad de penetración y lectura en las notas que le ofrecen las diversas experiencias de la vida, para captar los mensajes divinos que hay en ellas... y decidir según el Espíritu divino. Así va alcanzando la perfección y madurez cristiana a la que refiere la carta a los Hebreos (5,14) [47].

Estas personas a las que refiere Hebreos, son aquellos que, por el ejercicio de la sabiduría en el Espíritu, tienen *"las facultades ejercitadas en el discernimiento"* (Hb 5,14) para distinguir lo que es y no es de Dios, y por medio del mismo, captar, por su sentido, señales divinas de su acción para decidir según el mismo Espíritu.

Fue Jean Mouroux, teólogo en el Concilio Vaticano II[48], quien mostró, apenas comenzada la segunda mitad del siglo XX, el valor, la ejemplaridad y la urgencia de dicha ejercitación o experiencia del discernimiento, en su libro *"La experiencia cristiana"* (1952). En él deseó que ayudase y permitiese entrever *"el poder y la*

---

[47] M. Ruiz Jurado sj, *El discernimiento espiritual. Teología. Historia. Práctica.* BAC. Madrid.1994. 38.

[48] En el año 1965, fue invitado por Pablo VI a sumarse al grupo de expertos para trabajar en la última sesión conciliar.

fecundidad" de vivir en la verdad de nuestra condición existencial bélica, o "dramática"[49], de la vida en el Espíritu.

Estas mociones interiores contrapuestas que conforman esta condición existencial se encuentran en todos los niveles de la vida según el Espíritu, de modo que en ella encontramos en efecto, un fondo de *dramaticidad*, correlativo al carácter paradójico y problemático que proviene de las vicisitudes y dificultades de la vida cristiana en la fe. En efecto, dice Mouroux: "Para el alma en camino, la vicisitud, es el drama. Y paradójicamente, *es el mismo drama el que deviene criterio de autenticidad"*, o sea, criterio de una auténtica vida en el Espíritu, no en cambio de desastre alguno, verdad fundamental dejada de tener presente para vivir y crecer en ella.

Por su parte, el teólogo Eberhard Jüngel se preguntó a comienzos del siglo XXI, tal como antes lo habían hecho De Certeau, Velasco y González de Cardedal, sobre qué posibilidad, de acuerdo a nuestra situación sociocultural y religiosa, tenemos acerca de poder hablar de Dios, porque argumenta que: *"Al final de una larga historia del discurso sobre Dios, este problema parece transformado hoy en un callejón sin salida"*. Esto se debe a que, según este autor: *"No sólo no se sabe cómo se debe hablar de Dios, sino más aun, uno se pregunta si se puede en suma hablar de él, y aun, si uno pudiese, si se debe propiamente hablar de él"*[50].

La dificultad de Jüngel se debe a que trata acerca de la presencia de Dios y su punto de vista es estático y teórico, mientras que nosotros lo hacemos acerca de la acción divina, desde un punto de vista dinámico y experiencial de la vida en el Espíritu. Al mismo tiempo nos ayuda a comprobar que estamos saliendo de ese "callejón sin salida" del que este autor habla. Al menos mediante un modo teológico de proceder que nos permite descubrir y hablar, no sólo de la acción divina, sino también, dar razón de ella mediante el discernimiento de la misma[51].

Este modo es, por tanto, más que un saber teórico sobre cómo, o si se puede, o si se debe hablar de Dios, como dice Jüngel, y es lo que deseamos comunicar con sobriedad y sencillez, porque estamos aun dentro de un cambio histórico, que sirve al mismo tiempo para depurar el lenguaje de la fe, de cierto barroquismo y

---

[49] Cf. J. Mouroux, *À travers le monde de la foi*, Coll. Cogitatio fidei, 31, Cerf, Paris, 1968, 259-260. Juan Alonso García, *Fe y experiencia cristiana. La teología de Jean Mouroux*, EUNSA, Pamplona, 2002, 279.

[50] E. Jüngel, *Dieu Mystère du monde*, I, 1. Les Éditions du Cerf, Paris, 1997. Cf. J-P Jossua, *¿Es posible hablar de Dios?*, PPC.

[51] Cf. G. Randle, *Dar razón de Dios. Un modo teológico ignaciano de proceder*. San Benito. Buenos Aires. 2009.

espiritualidad poco teológica, e iluminar un tiempo nuevo con un contenido no absolutamente novedoso, pero tampoco repetitivo de lo ya sabido, porque es descubrir la acción perpetuamente renovada de quien podemos y debemos hablar, puesto que es camino, esperanza y sentido de la vida y de la historia, que sólo encontramos en el espíritu de Cristo y del Evangelio, no en teoría intelectual alguna.

No nos perdemos, por tanto, en cuestiones que hacen a la posibilidad de hablar de Dios o no, o como quien parte en cuatro un pelo, pero en sentido longitudinal, y hace luego un trenzado con las cuatro fibras, sino de Dios en sus huellas, descubiertas y diferenciadas de no-Dios o sin-sentido de la vida. No buscamos por ello, discusiones prolijas que agudizan la mente pero sirven muy poco para comprender mejor y saborear, interna e intensamente, el accionar de Dios. Deseamos por el contrario, rescatarlo como la razón de ser de la teología, de una manera tal vez no metafísicamente muy precisa y de lógica racional impecable, pero sí en cambio, sólidamente diacrítica gracias a Ignacio de Loyola.

5. UNA INTERPRETACIÓN CREADORA DEL CRISTIANISMO

Dice Michel de Certeau: *"Hay que inventar procedimientos nuevos que permitan que las experiencias sin escrituras encuentren un lugar, con su óptica propia, en una historia de otro tipo"*[52], en una teología, agregamos nosotros, que encuentre su lugar en y desde la experiencia de la vida en el Espíritu[53].

Es por esto que en nuestro modo de proceder tratamos de descubrir la acción divina en ciertas experiencias, potenciados por Ignacio de Loyola en sus pautas para discernir espíritus, a fin de ayudar a comprender que el dinamismo creativo de una fe viva es fiel a sí mismo si conduce a una interpretación *creadora* del cristianismo, en el sentido de ayudarnos a descubrir dónde está la Luz más que hablar sobre ella.

Por esto hemos desarrollado a lo largo de estas páginas, no sólo cómo las pautas ignacianas son medios que ayudan al descubrimiento de la acción de Dios, sino también, al desarrollo de un modo teológico de proceder *creativo*, en el sentido de que al discernir la acción divina en lo inédito, irrepetible y único que es la experiencia de la vida en el Espíritu en cada ser humano, se *remoza* el mensaje

---

[52] Michel de Certeau, *La debilidad de creer*, Katz Editores, Buenos Aires, 2006, 211.
[53] Cf. G. Randle, *Teología desde la experiencia de la vida en el Espíritu. Otro modo de proceder. La clave y el instrumento.* Credo Ediciones, Saarbrücken, 2013.

cristiano a medida que descubrimos ciertos lugares teológicos, como los tratados en la tercera parte.

El ejercicio de la sabiduría que es el discernimiento y la creatividad que potencialmente encierra el hecho de descubrir la acción del eterno y continuo Creador y Hacedor, es un buen aliado en el complejo proceso de reinterpretación del cristianismo y de reevangelización de la sociedad. ¿O no es cierto que los más grandes maestros del espíritu y de la acción apostólica mostraron sumo empeño en este pilar de la espiritualidad cristiana?[54] De esta manera estamos en condiciones de concebir la tradición no como *reproducción* de un pasado muerto, sino como *producción* siempre nueva, no como un custodiar cenizas, sino como un avivar el fuego del Espíritu. En otras palabras, concebimos el cristianismo como una experiencia religiosa dinámica que históricamente construye su proyecto de vida y enfrenta los problemas contemporáneos inspirado e iluminado por el espíritu de Cristo y de su Evangelio.

Si además estamos convencidos de la juventud permanente del Evangelio, ¿por qué fingir que se ignoran los nuevos estados de conciencia de la humanidad contemporánea, si por medio del ejercicio de la sabiduría que es el discernimiento, podemos descubrir la acción divina? Vemos así que la fe no suprime el régimen humano del espíritu. Al punto que en un mundo donde predomina la confusión, tenemos en cambio, ocasión y vocación de proponer prácticas significativas para liberarnos de la misma, dentro de un modo diacrítico de proceder, en el que debemos preguntarnos qué referencia al mundo de hoy nos brinda el Evangelio y dónde está su luz para vernos libres de la confusión característica de nuestra época. Esta praxis que es el ejercicio de la sabiduría para descubrir la acción de Dios, es por tanto, un *lugar teológico* que ayuda a reinterpretar creativamente la fe de siempre y a manifestar el *sentido* del misterio cristiano para la inteligencia y la práctica del hombre de hoy.

6. OTRO MODO HISTÓRICO DE PROCEDER

Los fecundos nuevos pasos de la reflexión teológica brotarán de una Iglesia renovada en su forma histórica de ser, en su forma histórica de hacer teología y en su fondo purificado por el Espíritu.

---

[54] Cf. García M. Colombas, O.S.B., *El monacato primitivo, II, La espiritualidad*. BAC, Madrid, MMCLXXV, 250-253.

A cada uno de los momentos de decaimiento dentro de la historia de la teología ha seguido otro de esplendorosa renovación. Por ello creemos, que si bien al ambiente eufórico inmediato post conciliar siguió otro en el exilio, hasta sentir haber tocado techo a fines del siglo XX, estamos actualmente en condiciones de retomar la marcha con otra perspectiva. Esto quiere decir que la cuestión del futuro de la teología se le plantea hoy a la misma de una forma nueva y desde otros lugares geográficos, no ya situados únicamente en Europa, como anticipó hace más de treinta años Claude Geffré, al decir que, *"Europa no tendrá el monopolio"*[55].

Es evidente que esta dislocación de centros geográficos en el mundo globalizado comporta ineludiblemente reorientaciones teológicas. Hoy se trata lisa y llanamente de Dios, del mundo y del hombre, del sentido o sinsentido de la vida, del llamado a la santidad en el mundo actual, de la posibilidad de la verdad y de la orientación de los valores en medio de una época confundida y urgida por esto mismo por la Palabra que nos dice en el libro de la esperanza que es el Apocalipsis: *"He aquí el momento de tener discernimiento"* (Ap 13,18).

En efecto, como afirma Walter Kasper: *"En la situación de indiferencia generalizada, la Iglesia debe como lo fundamental primero, clarificar nuevamente las diferencias y provocar a la decisión"*, o sea, debe discernir las disparidades entre el sentido y el sinsentido de la vida, entre la luz y las tinieblas, entre lo que es de Dios y lo que no, y suscitar decisiones verdaderas y coherentes entre el decir y el hacer, dentro y fuera de ella. El orden del mundo se apoya hoy sobre este discernimiento o sobre la contraria confusión.

Pero como agrega Kasper, siempre hablando de la Iglesia:*"Esto sólo lo puede hacer si ella misma es cada vez más una Iglesia decidida, con el arrojo para la distinción"*[56], o sea, si ella misma es cada vez más disponible e interiormente libre y capaz de dejar al Espíritu *"arrasar bastiones"* como dice el profeta Isaías, a fin de discernir la acción de Dios y dirigirnos a él como protagonista principal de la Historia, sin ceder a la tentación teológica fundamental de que él venga a nosotros, por muy santos que sean nuestros planes, ni marchar por delante de él adelantándonos a la gracia, sin huella alguna por seguir, decidiendo en consecuencia cosas buenas en abstracto, pero alejadas de su plan salvífico, cuando no totalmente fuera, sin rastros de una relación personal con Dios. Continúa diciendo Kasper al respecto:

[55] C. Geffré, *Le christianisme au risque de l'interpretation*, Cerf, Paris, 1983, 346. Hay traducción castellana: *El cristianismo ante el riesgo de la interpretación*, Ediciones Cristiandad, Madrid, 1984.
[56] W.Kasper, *El futuro desde la fe*, Sígueme, Salamanca, 1980, 83.

Cuando languidece la disponibilidad para el cambio interior y en el mejor de los casos lo reemplaza con reformas externas, cuando falta el ánimo para la decisión y el discernimiento, entonces se ignora la seriedad de la idea del futuro de Jesús, entonces la Iglesia ha muerto[57].

Por esto, continúa diciendo: *"Si la Iglesia"* – y agregamos nosotros, si la reflexión teológica - *"quiere tener un futuro concreto en nuestra sociedad, ha de empezar, por tanto, por volver sobre sí misma"*[58], al modo del primer paso de la conversión del hijo pródigo, o sea, tomar conciencia en un primer momento de lo que pasa interiormente en ella, porque esto revela sin tapujos la verdad, más una disponibilidad, libertad interior o preferencia por el plan salvífico de Dios. En un segundo momento, descubrir qué es lo mejor en el momento presente, en orden a la realización de dicho plan del Señor de la Historia. Y finalmente, en un tercer momento, pasar del decir al hacer.

Para este volver sobre sí misma, hemos de *girar hacia la interioridad*, como nos dijo Lonergan, es decir, hacia la vida según el espíritu de Cristo y el Evangelio, alimentada por una seria y profunda vida de relación personal con Dios para reevangelizar nuestra mente y nuestro corazón. Es así cómo redescubriremos lo propiamente cristiano: la historia orientada a Cristo y abierta al futuro, no en cambio a la eterna cantinela de la vuelta a lo mismo – a veces por pusilanimidad y búsqueda de seguridad - girando cíclicamente sobre nosotros mismos, sin crecer ni madurar, en un simultáneo sí y no, sino derechamente dirigidos a un definitivo sí, a las promesas realizadas en Jesucristo.

Es así cómo teología y futuro se corresponden esencialmente. La pretensión de futuro brota en ella de su objeto más primigenio, el mensaje de Jesús sobre el señorío de Dios que viene. Este la afecta hasta el punto que ella sólo puede comunicar al mundo esperanza y futuro si ella misma está abierta a la sorpresa de la acción del Espíritu, si vive por la fuerza de la esperanza y se lanza urgida por el amor a Cristo.

En los últimos años del siglo XX encallaron muchos gérmenes prometedores. Esto hizo que algunos no discerniesen la desolación en el espíritu en que cayeron, y se acantonasen en posiciones puramente defensivas o se dejasen llevar por vías de trocha angosta. Lo fatal de tales formas pusilánimes de reacción, amparadas a veces por una fachada superortodoxa, es que en el fondo son paradójicamente mundanas, por cuanto reflejan falta de madurez en el Espíritu para discernir y de esperanza para ser creativos.

---

[57] W. Kasper, o.c., 86.
[58] W. Kasper, o.c., 83.

A veces envueltas tales formas, en la tentación más difícil de todas, como son las que vienen disfrazadas bajo apariencia de bien.

Por esto urge preguntarnos cómo debe ser una teología y una pastoral con futuro, que responda al confuso momento histórico actual, en el que *"lo anticuado y viejo está a punto de cesar"* (Hb 8,13), mientras lo nuevo requiere *"odres nuevos"* (Lc 5,38), porque *"el que está en Cristo, es una nueva creación"* (2 Cor 5,17). Tal es nuestro desafío de cara al futuro. Este implica tomar en serio dos cosas: que nuestra tarea más originaria es el testimonio de Dios, camino, esperanza y sentido de la historia. Y que el futuro y la creatividad están en relación directa con nuestra relación personal con Dios, nuestra madurez en el Espíritu y el descubrimiento de su acción, es decir, de lo que el Espíritu nos propone para la realización de su plan salvífico.

Cuando falta fundamentalmente esa vida de relación personal con Él, ese *"trato de amistad con quien sabemos que nos ama"* como dice Teresa de Jesús, cuando en otras palabras, falta motivación en Cristo, entonces la Iglesia, junto con su pastoral y la teología, corren un serio riesgo, tal como nos advirtió Kasper.

Para responder a este desafío es preciso descubrir la acción de Dios constantemente en nuestra relación personal con Él en la vida concreta, sobre todo en este cambio de época, donde a pesar de todo o por lo mismo, hay quienes manifiestan hambre y sed de ajustarse a su plan y buscan la manera de descubrirlo a fin de madurar en el Espíritu y ser luz que torne luminoso y esperanzador nuestro destino, al transformar el presente y abrir al futuro.

Sumario